Torben Lütjen

Frank-Walter Steinmeier –
Die Biografie

PREMIERE

Torben Lütjen

Frank-Walter Steinmeier – Die Biografie

HERDER

FREIBURG · BASEL · WIEN

Originalausgabe

© Verlag Herder Freiburg im Breisgau 2009
Alle Rechte vorbehalten
www.herder.de
Satz: Weiß-Freiburg GmbH – Graphik & Buchgestaltung
Gedruckt auf umweltfreundlichem, chlorfrei gebleichtem Papier
Herstellung: CPI Moravia Books, Pohorelice
Printed in Czech Republic

ISBN 978-3-451-03033-8

Für Anna

Inhalt

1. Der Kandidat, der aus der Stille kommt

Es ist eine merkwürdige Welt, in der Frank-Walter Steinmeier lebt, eine Welt, die ganz groß und zugleich ganz klein ist. Sie reicht von den schneebedeckten Berggipfeln des Hindukusch und zerbombten Häuserblocks im Nahen Osten über Sitzungssäle europäischer Gipfelkonferenzen in Brüssel und UN-Versammlungen in New York – bis nach Singen am Bodensee. Es ist ein Samstag im Februar, schon übermorgen wird der Kandidat nach Bagdad fliegen. Heute aber ist Partei, die Landesdelegiertenkonferenz der Baden-Württembergischen SPD. Er steigt also aus dem Flugzeug und fährt bei Schneegestöber eine Stunde von Friedrichshafen nach Singen. Auch diese wenig exotische Reise ist streng und minutiös geplant; wenn jemand aus dem Begleittross genauso unvorhergesehen wie dringend einen stillen Ort aufsuchen muss, ist das Protokoll schon empfindlich gestört und zwischen den Sicherheitsleuten in den Fahrzeugen der Wagenkolonne bricht reger Funkkontakt aus. Der Außenminister allerdings, ganz andere Krisen gewohnt, nimmt die Störung sehr gelassen, denn er kennt das Problem selbst nur zu gut; in seinen Protokollen auf Auslandsreisen sei für alles Zeit, erzählt er – dafür jedoch nie.

Endlich angekommen dauert der Weg durch die Halle noch einmal fünf Minuten und zwei Dutzend geschüttelte Hände und dann steht der Kandidat endlich am Rednerpult.

Es beginnt nun, spätestens seit dem September 2008, als die einst ruhmreiche deutsche Sozialdemokratie mit Frank-Walter Steinmeier personell ihre vorerst letzte Karte ausgespielt hat, das immer gleiche Spiel mit der immer gleichen Erwartungshaltung, für die die immer gleichen Assoziationen gebraucht werden: der kühle Rationalist, der jetzt emotionalisieren müsse, der nüchterne Apparatschik, der die Parteiseele zu streicheln habe, der steife Bürokrat, der sich als Schulterklopfer zu versuchen hat. Er selbst mag diese Gegenüberstellungen nicht, hält sie für eine jener holzschnittartigen Vereinfachungen, die weder der Realität noch seinem Charakter gerecht würden, aber verhindern kann er sie nicht, sie sind ein Teil der Grundmelodie, die seinen Wahlkampf vielleicht bis zum Schluss begleiten wird. Und so schauen die Journalisten seit geraumer Zeit gebannt auf den Kandidaten um zu erfahren, wie sich dieser Zusammenprall ganz unterschiedlicher Welten wohl gestalten mag.

Aber wie soll man schon wissen, was es mit dieser ominösen Sache, die sich Parteiseele nennt, eigentlich auf sich hat? Die meisten der Delegierten sind schon im fortgeschrittenen Alter, stehen noch im Arbeitsleben, sind aber von der Pensionierung nicht mehr sehr weit entfernt. Nur ein paar junge Männer mit Sakko und Jeans bewegen sich geflissentlich zwischen ihnen und blättern geschäftig in ihren Unterlagen. Man spürt nicht viel von dem, was diese Partei einmal ausgemacht haben mag, gewinnt aber den Eindruck, dass Steinmeier zumindest die Aura proletarischer Hemdsärmeligkeit gewiss nicht weniger verströmt als die meisten anderen hier. Die Delegierten blicken mit freundlicher Neugierde zum Rednerpult; dass ein Moment übergroßer Erwartungen in der Luft liegt, wäre allerdings eine Übertreibung. Im Verlauf der Rede wird ihre Stimmung tatsächlich lebhafter, sie sind nicht aufgeputscht, aber doch von einer fröhlich-optimistischen Aufgeräumtheit getragen. Die Zeitungen werden am folgenden Tag schreiben, dass Steinmeier die Kanzlerin sehr viel schärfer als bis dahin üblich attackiert hat. Es sind jedenfalls die Passagen, für die er den stärksten und bisweilen sogar sehr starken Beifall erhält, weitaus mehr jedenfalls als für jede Darlegung sozialdemokratischer Programmpunkte. Es wird sogar gelacht, als er die Führungsschwäche der Kanzlerin kritisiert. Und dann erst die CSU, dröhnt er in den Saal hinein, da würde gar nicht mehr geführt, «die führen sich höchstens noch auf».

Nur Hermann Scheer, der zwar aus dem Ländle kommt, aber als Spiritus Rector der Annäherung der hessischen SPD an die Linkspartei gilt, verschränkt die Arme fest vor der Brust und lässt der Zurschaustellung seines Missfallens freien Lauf. Er sieht sehr schick aus, der schwarze Rollkragenpulli unter dem schwarzen Anzug, würde man ihn nicht kennen, man würde denken, er sei ein Berliner Galerist und nicht designierter hessischer Superminister a.D. Scheer hat eine Miene spöttischer Distanz aufgesetzt, die wohl ausdrücken soll, dass er im Gegensatz zu allen anderen den billigen Taschenspielertrick längst durchschaut hat. Noch während der Rede steht er auf und schlendert Richtung Bühne zu einem Nebenausgang. Er dreht sich ein paar Mal kurz um, als würde er Gefolgschaft erwarten. Sein Timing ist aber nicht ganz so gut: Als er an der Bühne ankommt, hat Steinmeier seine Rede gerade beendet. Die Delegierten spenden stehenden Applaus und so steht er ein wenig unschlüssig und ratlos direkt vor den Treppen des Podiums, klatscht jedoch nicht und man weiß nicht so recht, ob er sich ein Autogramm abholen möchte oder der Ordnungsdienst gleich ein bisschen Arbeit bekommt.

Anschließend muss sich der Kanzlerkandidat noch mit den Kandidaten für die Bundestagswahl ablichten lassen. Auf dem Weg in den Nebenraum wird Steinmeier von einer Frau angesprochen. «Der Frank» habe das ja gut gemacht, lobt sie den Bundesaußenminister. An einer Stelle aber hält sie eine

Berichtigung für notwendig: «Du hast gesagt, dass *jeder* das Recht auf einen Ausbildungsplatz habe. *Jede* auch, Frank, *jede* auch.» Steinmeier bedankt sich freundlich für den Hinweis, wie gesagt, übermorgen muss er wieder mit kugelschutzsicherer Weste durch Bagdad laufen.

Steinmeier aber ist zufrieden, hinterher auf dem Weg zurück zum Flughafen, seine Erwartungen sind ja ebenfalls sehr realistisch. «Sehr positiv» sei die Stimmung doch gewesen und die Zuschauer habe er als ausgesprochen «klatschfreudig» erlebt. Er ist sehr ruhig, von Aufgekratztheit nach seiner Rede ist nichts zu spüren, ebenso wenig wie von Nervosität zuvor, er hat nur für eine halbe Stunde den «Lautsprecher in ihm» eingeschaltet. Steinmeier macht lange Pausen beim Reden, was er häufig tut, blickt von der Landstraße herunter auf den Bodensee, es hat aufgehört zu schneien, die Sicht ist frei. Vielleicht sinniert er selbst darüber, wie verrückt es doch ist, dass er im Auftrag der SPD nun schon seit Wochen und Monaten von Parteiveranstaltung zu Parteiveranstaltung reist. Noch vor ein oder zwei Jahren hätte er sich das wohl nicht träumen lassen.

***

In der Geschichte der Bundesrepublik findet sich zu seiner Art des politischen Aufstiegs kein Pendant. Es ist noch keine vier Jahre her, da gilt Frank-Walter Steinmeier zwar den Eingeweihten im politischen Berlin als eine der wichtigsten Figuren der rot-grünen Koalition; auf der Straße hingegen bleibt dieser unscheinbare Mann in all den Jahren, in denen er durchaus maßgeblich die Geschicke des Landes bestimmt, meist unbehelligt. Denn Steinmeier hat bis 2005 in den Hinterzimmern und Maschinenräumen der Macht gearbeitet. Dort hat er abseits der Öffentlichkeit an den Stellschrauben der Politik gedreht und die Mechanik der Regierungsabläufe justiert. Er war Gerhard Schröders Chef der niedersächsischen Staatskanzlei in Hannover und dann schließlich Chef des Bundeskanzleramtes.

In Schröders Machtsystem war er spätestens seit 1996 die zentrale Figur. Nur für ein paar Monate, kurz nachdem Schröder 1998 Bundeskanzler geworden war, wird ihm ein anderer diese Rolle streitig machen: Bodo Hombach, dem Schröder zuerst die Leitung des Bundeskanzleramtes anvertraut. Das aber erweist sich schnell als fatale Fehlentscheidung: In den ersten Monaten der Bundesregierung von SPD und Grünen herrscht in der Zentrale ein Durcheinander. Erst als Schröder seinen Fehler korrigiert und Steinmeier an die Spitze seines Regierungsapparates setzt, kehrt so etwas wie Normalität ein. Von da an wird Steinmeier für den Kanzler endgültig unverzichtbar werden.

Doch das alles ist es nicht, was Frank-Walter Steinmeier so heraushebt. Stille und äußerst begabte Makler der Politik wie ihn, die im Hintergrund die Fäden ziehen, hat es schließlich viele gegeben. Die Figur der «Grauen Eminenz» ist seit dem geheimnisumwitterten «Père Joseph», dem Ratgeber und Beichtvater des Kardinal Richelieu im Frankreich des 17. Jahrhunderts, eine mythische Figur. Paradoxerweise erscheint der Einfluss solcher Menschen umso riesenhafter, je weniger man von ihnen weiß; Mythen sind Schattengewächse, die am besten in der Dunkelheit gedeihen. Auch einige der Vorgänger Frank-Walter Steinmeiers als Chef des Bundeskanzleramtes sind so schon zu Lebzeiten legendäre Gestalten geworden, deren Namen geraunt wurden. Als Archetyp des Kanzleramtschefs gilt immer noch Hans Globke, einer der ersten Leiter der Behörde. Er war seinem Kanzler Adenauer bedingungslos ergeben, äußerst verschwiegen, scheute den öffentlichen Auftritt, was freilich auch mit seiner Rolle im Nationalsozialismus zusammenhing. Globke arbeitete geräuschlos und effizient, hortete auf seinem Schreibtisch die wesentlichen Informationen und galt im Bonn der 1950er Jahre als nahezu allwissend. Er war das Nadelöhr, durch das es zu schlüpfen galt: Erst wer Hans Globke von der Wichtigkeit eines Anliegens überzeugt hatte, konnte auf Zutritt zum Kanzlerbüro rechnen. Doch so mächtig Graue Eminenzen auch sein können: Ihre Macht bleibt in der Regel stets geliehen und hängt von der Gunst ihrer Herren ab. Ist deren Zeit abgelaufen, dann treten in der Regel auch ihre treuen Paladine von der historischen Bühne ab.

Frank-Walter Steinmeier hat mit diesem Gesetz gebrochen. Er hat den Sprung aus der Intendantur auf die große Bühne der Politik gewagt und wurde 2005 als Nachfolger Joschka Fischers deutscher Außenminister. Schon das war ein außergewöhnlicher Vorgang. Doch es ist erst sein Aufstieg zum sozialdemokratischen Kanzlerkandidaten, der vollends mit den traditionellen Rekrutierungsmustern deutscher Spitzenpolitiker bricht. Oft ist gesagt worden, dass eine politische Karriere in Deutschland in der Regel eine Parteikarriere bedeutet. Erst wer die mühselige Ochsentour durch Ortsvereine und Bezirksverbände auf sich nehme, könne auf höhere Staatsämter hoffen. So entstünden nicht nur die notwendigen Kontakte und Seilschaften. In der Tat sind Parteien ja auch ziemlich autonome und bisweilen recht eigenwillige Lebenswelten mit spezifischen Ritualen und Konventionen, die es zu verstehen und zu respektieren gilt. Wer das nicht in jungen Jahren in sich aufgesogen habe, so heißt es oft, der habe denkbar schlechte Voraussetzungen, um auch später die Befindlichkeiten, Mentalitäten und ja, auch das: die Neurosen von Parteibasis und Parteifunktionären nachzuvollziehen.

Für wohl keine Partei galt diese Weisheit vielleicht einmal so stark wie für die «alte Tante» SPD. Bis Steinmeier kam, haben alle sozialdemokratischen Kanzlerkandidaten ihren Aufstieg durch die Partei vollzogen. Das gilt nicht nur für jene, die von der Wiege an ihr Leben im Milieu der Arbeiterbewegung zubrachten, für Kurt Schumacher, Erich Ollenhauer oder auch noch Willy Brandt. Der «Enkel-Generation» in Gestalt von Gerhard Schröder und Oskar Lafontaine war die Partei schon nicht mehr biografischer Bezugspunkt, bedeutete nicht mehr Heimat und Identitätsstütze. Sie nutzten sie vor allem als Instrument für das eigene Fortkommen. Doch immerhin hatten sie noch intensiv die Jugendorganisation der SPD durchlaufen, waren dadurch machtpolitisch frühzeitig sehr fest in ihrer Partei verankert und hatten sich so ihre Hausmacht gesichert. Überdies blieb ja die Adressatin selbst ihrer Provokationen noch immer die SPD, gegen deren Parteidisziplin und Umgangsregeln sie lustvoll opponierten. So könnte man sagen: Selbst da, wo Schröder und Lafontaine gegen die eigene Partei Karriere machten – eine Parteikarriere blieb es ja dennoch.

Wie aber soll man dann Steinmeiers Verhältnis zur SPD bezeichnen? Er ist weder mit der Partei noch gegen sie aufgestiegen, sondern – im Grunde – ohne sie. Zwar tritt er mit 19 Jahren der Partei bei. Doch dann vergehen 32 Jahre, bis er sein erstes Parteiamt übernimmt: 2007 wird er auf dem Parteitag in Hamburg zum stellvertretenden Parteivorsitzenden gewählt. Steinmeier musste sich also in der SPD nicht mühsam nach oben kämpfen. Das Amt des Außenministers, des stellvertretenden Parteivorsitzenden, die Kanzlerkandidatur – es ist alles scheinbar mühelos auf ihn zugekommen, ihm gleichsam in den Schoß gefallen. Womit die Karriere anderer anfängt, mit dem beginnt Steinmeier gerade erst: Er lernt die SPD, deren Mitglied er seit über dreißig Jahren ist, erst jetzt wirklich kennen, besucht seinen neuen Ortsverein in Brandenburg, spricht vor den Genossen in bayerischen Bierzelten, macht Wahlkampf auf den Marktplätzen der Republik und spricht vor einer Belegschaft von Stahlkochern im Ruhrgebiet, der oft zitierten Herzkammer der Sozialdemokratie. Was die Karriereverläufe sozialdemokratischer Spitzenpolitiker angeht, hat Steinmeier schon jetzt jahrzehntelang geltende Gesetzmäßigkeiten aus den Angeln gehoben, sie sogar regelrecht einmal komplett auf den Kopf gestellt.

Doch steckt in der Tatsache, dass Steinmeier noch in weiten Teilen ein unbeschriebenes Blatt ist, für ihn selbst auch eine beträchtliche Chance. Schließlich muss die politische Botschaft eines Wahlkampfes in irgendeiner Weise mit der persönlichen Geschichte des Kandidaten verschmolzen werden, so dass am Ende zwei Erzählungen zu der einen werden. Wer sich mit der Geschichte des Frank-Walter Steinmeier beschäftigt, stößt indes auf eine merkwürdige Regelmäßigkeit: Seine Geschichte bleibt immer die Geschichte der anderen. Vor allem eines anderen: Gerhard Schröder. Wer politische Weggefährten über Steinmeier befragt, der bekommt zunächst stets ein markantes und oft auch kritisches Bild des Altbundeskanzlers geliefert, ein Gemälde mit scharfen Konturen und in kräftigen Farben. Doch Steinmeiers Person selbst bleibt merkwürdig unausgefüllt. Wer versucht, ihn zu erklären, der tut das anders als bei Schröder nicht mit Hilfe einprägsamer Anekdoten, sondern mit den immer gleichen Adjektiven, die ihn zur Kontrastfolie seines lippischen Landsmannes machen. Er ist alles, was Schröder nicht ist, nie war und vermutlich auch nie sein wollte – besonnen, verständnisvoll, bescheiden, uneitel: die personifizierte Antithese.

Doch zieht sich der Part der Nebenrolle über weite Strecken seiner Karriere durch. Auch in den Führungsquerelen der SPD ist ja nicht wirklich er die Hauptperson. Das ist der bemitleidenswerte Kurt Beck, und als man seiner nach all den Pleiten, Pech und Pannen langsam überdrüssig wird, da glänzt Steinmeier abermals durch das Nichtaufweisen der Defizite des anderen: Er ist eben nicht tapsig, nicht provinziell, hat keine Neigung zum Beleidigtsein. Und selbst im schweren Konflikt zwischen Steinmeier und seinem Vorgänger als Chef des Kanzleramtes, Bodo Hombach, übernimmt stets nur Hombach die Hauptrolle. Je mehr Unordnung und Chaos dieser stiftet, desto mehr erinnern auch die Bonner Journalisten an jenen Mann, der für Schröder schon in Hannover die Fäden zog, geräuschlos freilich, ohne großes Aufheben, doch mit unvergleichlich höherer Effizienz.

Die Geschichte Frank-Walter Steinmeiers lässt sich daher wie ein Episodenfilm erzählen, in dem die Hauptdarsteller häufig wechseln, der eine Nebendarsteller aber stets der Gleiche bleibt. Erst seit dem September 2008, als er zum Kanzlerkandidaten ausgerufen wurde, ist schlicht niemand mehr übrig, der Steinmeier die Hauptrolle abnehmen kann. Er muss nun seine eigene Geschichte schreiben, um nicht lediglich der gescheiterte Herausforderer in der Geschichte der Angela Merkel zu sein. Was er dafür bisher mitbringt an Prägungen, Erfahrungen, an Talenten und womöglich auch an Fehlern und Unzulänglichkeit – auch davon handelt dieses Buch.

2. Generation Bundesrepublik

Kurt Beck zum Trotz: Ein Nachteil ist es für einen deutschen Spitzenpolitiker nicht, aus der Provinz zu kommen. Ansonsten würden wohl nicht nur so viele von ihnen aus dünn besiedelten Landstrichen zwischen Dithmarschen und dem Bayrischen Wald kommen, wäre das pfälzische Oggersheim wohl kaum zur Chiffre einer 16 Jahre währenden Kanzlerschaft geworden und das knorrige Sauerland des Franz Müntefering nicht so oft beschrieben worden. Spitzenpolitiker aus der Provinz kokettieren überdies gerne mit ihrer Herkunft. Fernab der Metropolen, so bedeuten sie, steht man schließlich noch mit beiden Beinen auf der Erde, lässt sich von den Aufgeregtheiten der Großstädter nicht so schnell anstecken, macht nicht jeden modischen Firlefanz mit und lässt überhaupt bei aller Veränderung erst einmal die Kirche im Dorf. Berlin ist weit, soll das wohl heißen – ich aber bin einer von euch.

Auch Frank-Walter Steinmeier entwuchs der Provinz, dem Dorf Brakelsiek, tausend Einwohner, im Lipperland in Ostwestfalen gelegen. Auch er hat die Vorzüge entdeckt, die in dem Verweis auf die Provinz liegen können. Als er sich im Sommer 2007, anfangs noch tastend und sehr vorsichtig, den Wählern seines neuen Wahlkreises für die Bundestagswahl in Brandenburg vorstellte, verwies er sogleich auf die Gemeinsamkeit der Mentalitäten, weswegen man gewiss gut miteinander auskommen werde. Schließlich seien auch die Menschen in Ostwestfalen zunächst ein wenig sperrig und nicht immer gesprächig, dann aber dafür umso herzlicher und vor allem immer geradeheraus und ehrlich.

In seinem kürzlich erschienenen Buch «Mein Deutschland. Wofür ich stehe» hat Steinmeier die Menschen in seiner

Heimat dann auch auf liebevolle Art und Weise porträtiert: «Widerwille gegen jede Form von Umstand und Zeremoniell» zeichne diesen Menschenschlag aus, schreibt er, und «ihre Skepsis gegenüber Windmachern und Wolkenschiebern». Irgendwie habe es sich wohl «in den Gencode der Menschen eingeschrieben, bodenständig und ehrlich zu sein, wohl auch deswegen, weil es nie viel zu verteilen gab und man mit Ehrlichkeit am weitesten kam».

Doch auch wenn es die Provinz ist, in die Frank-Walter Steinmeier am 5. Januar 1956 hineingeboren wird: Es sind, mit den Worten des Historikers Axel Schildt, auch «dynamische Zeiten», und der Modernisierungsstrom dieser Jahre erfasst auch die Provinz. Das Leben mag weiterhin entschleunigter und bisweilen weniger aufregend als in den Metropolregionen des Landes seien, doch die Unterschiede sind in den 1960er Jahren bereits weniger gravierend, als es noch vor zehn, zwanzig oder dreißig Jahren der Fall gewesen ist. Schon 1967 oder 1968, so erinnert sich Steinmeiers Bruder Dirk, hält im elterlichen Haus das Fernsehen Einzug; jetzt ist die große weite Welt schon nicht mehr ganz so weit weg. Sie rückt auch deswegen näher, weil die spezifischen regionalen Milieus und Sonderkulturen bald in atemberaubender Geschwindigkeit erodieren. Die konfessionellen Gegensätze nehmen ab, wie die Religion im täglichen Leben überhaupt eine geringere Rolle spielt – wenn die Steinmeiers, offiziell evangelisch, den Kirchgang daher allenfalls noch an Weihnachten praktizieren, schaut sie im Dorf niemand mehr schief an. Das Gemeindehaus ist nicht mehr der Nukleus der Dorfgemeinschaft. Auch das Plattdeutsche entschwindet langsam aus den aktiven Wortschätzen der Jüngeren. Steinmeier selbst kann es noch verstehen, wächst aber seit frühster Kindheit mit Hochdeutsch auf, in dem ein Stück ostwestfälische Sprachfärbung freilich erhalten geblieben ist. Weniger Menschen arbeiten jetzt in der Landwirtschaft und suchen sich stattdessen Arbeit in den Industrie- und Dienstleistungssektoren. So ist es auch in Brakelsiek, das heute vor allem ein «Wohndorf» ist, von dem aus die Menschen morgens zu ihrer Arbeitsstelle in die nächstgrößeren Orte fahren.

Auch die alteingesessenen Brakelsieker sind nun nicht ganz so unter sich wie in früheren Jahrzehnten, nicht nur, weil Menschen aus den umliegenden Städten sich ebenfalls zum Pendeln entschieden haben und auf der Suche nach billigem Baugrund in Brakelsiek fündig werden. Die deutsche Gesellschaft wird zum Ende des Zweiten Weltkrieges vor allem durch gewaltige Migrationsströme durcheinandergewirbelt: Millionen von Deutschen flüchten vor der Roten Armee gen Westen; später kommen jene hinzu, die nach 1945 aus den ehemals deutschen Ostgebieten vertrieben werden und in der Bundesrepublik ganz von vorn anfangen müssen.

Eine, die dieses Schicksal im Januar 1945 ereilt, ist die fünfzehnjährige Ursula Broy. Kurz bevor Breslau im Januar 1945 zur Festung erklärt wird, flieht sie vor der anstürmenden Roten Armee. Eine ungewöhnliche Familie ist es, die sich bei minus 20 Grad mit einem Handwagen und nur wenigen Habseligkeiten auf den Weg gemacht hat: Sie besteht ausschließlich aus Frauen, zunächst sind es vier, später werden es fünf – Ursulas Schwester Ilse ist schwanger und bekommt auf der Flucht eine Tochter. Über ein Jahr dauert ihre Reise. Sie beginnt bei Peterswaldau, führt über das Eulengebirge und dann zunächst nach Magdeburg, von dort nach Westen, Richtung Ruhrgebiet. Nach mehreren kürzeren Aufenthalten erreichen die Frauen am Ostersonntag 1946 auf einem LKW die Gaststätte «Zur Post» im ostwestfälischen Brakelsiek. Dort im Saal werden die Vertriebenen auf die Bauernhöfe im Dorf verteilt.

Auf einem der umliegenden Höfe wohnt auch die Familie Steinmeier, die wohl schon seit Ewigkeiten im Lipper Land lebt. Ihr Hof gibt nicht viel her, vom Frühjahr bis zum Herbst begeben sich die Männer der Familie auf Wanderschaft, meist ins Ruhrgebiet, um dort in Ziegelbrennereien zu arbeiten. Der jüngste Sohn der Steinmeiers heißt Walter, er ist nur ein Jahr älter als Ursula. Es ist alles sehr überschaubar in Brakelsiek mit seinen tausend Einwohnern. Wie auf dem Land üblich, gibt es daher keine spektakuläre Geschichte des ersten Kennenlernens. Im August 1955 heiraten Walter und Ursula Steinmeier. Fünf Monate später kommt ihr erster Sohn zur Welt. Sie taufen ihn auf den Namen Frank-Walter, aber niemand wird ihn in den ersten vierzig Jahren seines Lebens so nennen. Er heißt für alle schlicht «Frank». Sein Bruder Dirk kommt acht Jahre später zur Welt. Während der Jüngere von beiden schon einmal fünfe gerade sein lässt und als Pubertierender wesentlich interessantere Dinge als die Schule entdeckt, ist der Ältere der Vernünftigere und Ernsthaftere. Die Journalisten, erzählt Dirk Steinmeier, fragten ihn oft, ob sein Bruder, der hochseriöse Außenminister, denn nicht wenigstens als Heranwachsender einmal so richtig unvernünftig gewesen sei und über die Stränge geschlagen habe. Er gebe immer die selbe Antwort: Nein.

Die Steinmeiers führen ein weitgehend sorgenfreies Leben. Auch finanziell muss die Familie keine Not leiden, das Wirtschaftswunder geht auch an Brakelsiek nicht vorbei. Walter Steinmeier ist Tischler, seine Frau Ursula arbeitet erst in einer Pinselfabrik und findet später eine Anstellung als Forstarbeiterin. Doch der Wohlstand ist bescheiden und hart erarbeitet. Während die Steinmeiers relativ früh einen Fernseher kaufen, zögern sie die Anschaffung eines Autos lange hinaus; erst 1975 steht ein orangefarbener VW 1600 TL vor der Tür. Bis dahin hat sich auch Vater Steinmeier mit einem BMW-Motorrad begnügt. Zu den seltenen Urlauben der Familie, einmal an die Nord- und ein anderes Mal an die Ostseeküste, fährt der Vater mit Frank im Beiwagen auf dem Motorrad voraus, die Mutter folgt mit Dirk im Zug. Mitte der 1960er Jahre schließlich baut der Vater ein eigenes Haus für die Familie, größtenteils in Eigenregie und mit tatkräftiger Unterstützung von Verwandten und Nachbarn. Es dauert beinahe vier Jahre, bis das idyllisch am Ortsrand gelegene und durchaus großzügige Eigenheim endlich fertig ist.

Es ist die Normalität, die diese Kindheit und Jugend mehr als alles andere auszeichnet. Im Mittelpunkt des Dorflebens steht der Fußballverein – wie bei Millionen anderer Deutscher auch. Ein Filigrantechniker ist der junge Steinmeier nicht gerade, aber doch ein brauchbarer Mannschaftsspieler, der die These bestätigt, dass die Art Fußball zu spielen bisweilen mit den Charaktereigenschaften korrespondiert: Steinmeier spielt mannschaftsdienlich, besitzt große Ausdauer, kann hart verteidigen und lässt sich vom Trainer klaglos von der einen auf die andere Position verschieben – große Inspiration für das Offensivspiel des TuS Brakelsiek geht von ihm hingegen nicht aus. Sein Spitzname, das ist mittlerweile hinlänglich bekannt, lautet «Prickel», und die Entstehungsgeschichte und Bedeutung dieses Spitznamens ist symptomatisch für diesen Menschen, der einfach keine Geschichten und Anekdoten produziert; es gibt sie nicht. Trotz intensiver Nachforschungen fanden die Journalisten der Republik bisher niemanden, der wüsste, was es damit auf sich hat. Die Menschen in Brakelsiek finden derlei Recherchen freilich ziemlich unsinnig. «Der hieß halt so», sagen sie und fragen sich, wie man darum bloß so ein riesen Tamtam machen kann.

Als Frank-Walter Steinmeier zehn Jahre alt ist, erfolgt die erste wichtige Weichenstellung seines Lebens: Er geht auf das neusprachliche Gymnasium in Blomberg. Die Eltern üben keinen Druck auf ihn aus, es ist im Grunde, sofern man das bei einem Jungen dieses Alters sagen kann, seine eigene Entscheidung. Doch als er seinen Wunsch signalisiert hat, unterstützen sie ihn, sein Grundschullehrer hat ihnen zugeredet und gesagt, wenn Frank sein Junge wäre, würde er ihn aufs Gymnasium schicken. Der Lehrer ist sich sicher, dass Frank es schaffen kann.

Steinmeier ist zwar der Einzige aus seiner Grundschulklasse, den es nach Blomberg verschlägt, aber einen großen Kulturschock löst das bei ihm offenbar nicht aus. Dabei ist das bei Kindern aus einfachen Verhältnissen in den 1960er Jahren – als auch Söhne und Töchter aus Arbeiterfamilien beginnen, höhere Schulen zu besuchen – keine Seltenheit. Doch Steinmeier erfährt dort keine Benachteiligung. Blomberg ist eher klein, die Stadt hat rund zehntausend Einwohner, die Schule einen ordentlichen, aber keinen glänzenden Ruf, ein abgegrenztes Milieu von Bildungsbürgern gibt es in der Stadt kaum. Die besonders ambitionierten Eltern aus der Gegend schicken ihre Kinder nach Detmold oder gar ins niedersächsische Bad Pyrmont im benachbarten Niedersachsen. Dort, erzählt man stolz, habe schließlich schon der russische Zar Peter der Große in den sprudelnden Quellen des Kurortes seine Erkrankung der Leber- und Gallenwege behandelt. Blomberg ist dagegen, nun ja, doch ein wenig unspektakulärer. Steinmeier fühlt sich wohl in Blomberg, schließt Freundschaften – Brakelsiek und sein Fußballverein jedoch bleiben der Mittelpunkt seines Lebens. Das Abitur wird er ohne größere Probleme machen, mit zufriedenstellenden, aber keinesfalls herausragenden Noten.

Und die Politik? Lippe ist zwar eine tiefrote Gegend, aber Steinmeiers Elternhaus ist eher unpolitisch. Er selbst sagt, die Ostpolitik Willy Brandts und das anschließende Misstrauensvotum hätten ihn politisiert. Das mag so gewesen sein; es ist jedenfalls die Standardantwort der Sozialdemokraten seiner Generation. Nach eigenen Aussagen muss er schon zu Schulzeiten politisch engagiert gewesen sein, den Jusos tritt er dann

1975 bei. Doch fragt man etwa Rainer Brinkmann, der von 1998 bis 2002 für die SPD im Bundestag saß und zu jener Zeit die Arbeit der Jungsozialisten in Detmold organisierte, so kann der sich an Steinmeier nicht erinnern und findet auch bei sorgfältigster Durchsicht seiner Papiere keinen Hinweis auf ihn. Ebenso ergeht es Klaus Geise, der heute Bürgermeister von Blomberg ist und den Jusos in dieser Stadt vorstand. Auch er kann sich an Steinmeier, der zwei Klassen über ihm das neusprachliche Gymnasium besuchte, nicht erinnern. Allerdings hat Steinmeier auch nie einen Zweifel daran gelassen, dass ihn die linken Theoriedebatten der damaligen Jusos abgestoßen hätten. Er sagt, seine «Stamokap-Phase» sei recht kurz gewesen. Ob es sie überhaupt gegeben hat, lässt sich schwer sagen.

Leicht ist es nicht, das frühe Leben der Politiker aus der Generation Steinmeiers zu deuten. Das Koordinatensystem, mit dem frühere politische Generationen vermessen wurden, taugt zur Vermessung ihrer Erfahrungsräume jedenfalls kaum noch: Es gibt da keine historischen Zäsuren mehr, die ihr politisches Handeln erklären – den großen Ernstfall oder Ausnahmezustand der Politik haben sie nie kennengelernt. Ebenso unergiebig ist es, sie aus ihrer konfessionellen oder regionalen Herkunft zu erklären. Beides ist schon bei Steinmeier nicht mehr bedeutsam, nicht weil die Provinz keine Rolle spielt, sondern weil sich diese Provinz überall in Deutschland sehr ähnlich geworden ist. Das Verhalten der Alterskohorte vor Steinmeier, der Achtundsechziger, ließ sich oft zumindest noch aus einem harten Generationenkonflikt erklären, da sie sich ihre Freiheiten und das Recht auf ein selbstbestimmtes Leben vielfach noch gegen eine konservative, autoritäre Umwelt erkämpfen musste. Doch auch das ist bei Steinmeier und vermutlich auch bei vielen seiner Generationsgenossen nicht mehr notwendig. Auch er trägt als Heranwachsender lange Haare, hört die Beatles und die Rolling Stones – und eckt nicht an. Die Gesellschaft ist bereits liberaler und toleranter geworden, man muss schon ein bisschen mehr als das leisten, um noch gegen ihre Konventionen zu verstoßen. Und insbesondere Steinmeiers Eltern sind von einer großen Liberalität, deren Ursprung auch für den Außenminister im Rückblick selbst nicht ganz erklärlich ist. Gleiches gilt aber auch für die Großmutter mütterlicherseits, bei der er nachmittags viel Zeit verbringt, da beide Elternteile berufstätig sind. Es gibt kaum Strafen, so gut wie keine Verbote, das Vertrauen in die Söhne scheint sehr groß gewesen zu sein. Frank-Walter Steinmeier fehlt jeder Grund zur Rebellion.

Deswegen sieht er sich auch nie veranlasst, von seiner Heimat auf abrupte oder radikale Weise Abschied zu nehmen. Es fügte sich alles, Brakelsiek ist einfach der Beginn einer Entwicklung, die stetig nach oben führte. Als Steinmeier zur Bundeswehr geht und dann schließlich zum Studium nach Gießen, verbringt er die Wochenenden zunächst weiter zu Hause und streift an den Sonntagen das Fußballtrikot des TuS 08 Brakelsiek über. Später dann, bei bereits knapp bemessener Zeit als Chef des Bundeskanzleramtes, verbringt er die Feiertage in seinem Heimatdorf. Erst das Amt des Außenministers macht diese Art von normaler Privatheit fast unmöglich. Selbst der eigene Bruder dringt im Auswärtigen Amt häufig nur bis ins Vorzimmer durch und muss die Glückwünsche zum Geburtstag von seiner Schwägerin übermitteln lassen. Brakelsiek bleibt für Steinmeier wohl bis zum Ende ein Stück Sicherheit und Geborgenheit, gleichsam eine letzte Rückzugslinie gegen die Unwägbarkeiten des Jetzt und der Zukunft.

Auch Gerhard Schröder, der nur 15 Kilometer entfernt aufwuchs und mit dem er oft verglichen wird, hat zwar bisweilen mit Mosseberg und seinem Kleine-Leute-Image kokettiert. Aber das war doch etwas anderes, denn ihm, der wirklich in bitterer Armut und sozial ausgegrenzt leben musste, bedeutete das Weggehen von Anfang an eher Aufbruch, Befreiung und das Ende einer deprimierenden, von permanenter Benachteiligung geprägten Kindheit. Seiner Mutter versprach er als Heranwachsender, dass er sie dereinst «mit dem Benz» abholen werde; Steinmeier schlief auch als Chef des Bundeskanzleramts bei seinen Stippvisiten in der Heimat in seinem alten Kinderzimmer.

So sollte Kontinuität das beherrschende Leitmotiv im Leben des Frank Steinmeier werden: Kontinuität des sozialen Aufstiegs, Kontinuität in seinen Freundschaften, Kontinuität in seinen Ansichten. 14 Jahre studierte Steinmeier später in Gießen, machte dort sein Referendariat, promovierte. In der WG, in der er wohnte, wechselten in diesen 14 Jahren viele Male die Mitbewohner. Steinmeier und sein guter Freund Dietrich Härtel aber harrten dort wie ein altes Ehepaar 14 Jahre aus. Dieses Leben in dieser ziemlich heilen Welt ist frei von Brüchen und vielleicht erklärt dies, warum Loyalität und Solidität, aber eben manchmal auch übergroße Vorsicht und eine unwahrscheinliche Bedachtsamkeit Steinmeiers Charakter prägen. Wer irgendwann in seinem Leben einmal gezwungen war, Tabula rasa zu machen, Abschied zu nehmen, der entwickelt ein anderes Verhältnis zum Regelbruch und zur Unkonventionalität. Er lernt daraus, dass einen manchmal nur der Verrat voranbringt: Verrat an den Überzeugungen der Vergangenheit, Verrat manchmal auch an den Menschen aus der Vergangenheit. Steinmeier aber konnte aus der Geschichte seines Erfolges ja nur den einen Schluss ziehen: dass es sich immer auszahlt, wenn man nach den Regeln spielt, stets einen Fuß vor den anderen setzt und dabei nie vergisst, was einen so weit gebracht hat. Im Fragebogen des Magazins der «Frankfurter Allgemeinen Zeitung» hat er auf die Frage nach seiner größten Schwäche nicht die «Ungeduld» genannt, jene in Wahrheit natürlich völlig lässliche Tugend eitler Politiker, die sich damit dynamisch und tatkräftig zeigen wollen. Steinmeier war immer geduldig. An Zäunen hat er nie gerüttelt. Er klingelte an der Tür und stellte sich höflich vor; und manchmal brauchte er auf der Türschwelle auch einen kleinen Schubser.

1974 hat Frank-Walter Steinmeier, der Tischlersohn aus Brakelsiek, das Abitur in der Tasche. Er darf studieren, doch zuerst muss er seinen Wehrdienst leisten – bei der Luftwaffe in Goslar. Steinmeier sitzt geduldig seine Zeit ab, so wie Millionen Deutsche vor ihm und nach ihm. Zumindest leidet er offenkundig nicht zu sehr daran: Er absolviert statt der vorgeschriebenen 18 gleich 21 Monate, um seinen Wehrsold aufzubessern. Es soll helfen, das Studium zu finanzieren. Eigentlich hat Steinmeier mit dem Journalismus geliebäugelt, Sportreporter will er vielleicht werden. Eine Zeit lang erwägt er auch ein Studium der Architektur. Schließlich aber entscheidet er sich für Rechtswissenschaften, aus denkbar pragmatischen Gründen: Jura gilt damals als sicheres Brotstudium.

Die Universität Gießen ist wohl nicht seine erste Wahl, doch entscheidend ist die ZVA, die die Studienplätze zentral zuweist – und außerdem die Tatsache, dass Steinmeier einen wichtigen Teil seiner Heimat mit in die Ferne nehmen möchte: seine Freundin Waltraud, mit der er schon seit Schulzeiten liiert ist. Sie kommt aus einem Nachbardorf von Brakelsiek und möchte Sonderschulpädagogik studieren. Sehr viele Universitätsstädte gibt es nicht, in denen beides möglich ist.

Es ist eine von zwei längeren Liebesbeziehungen im Leben des Frank-Walter Steinmeier, mit einigen Unterbrechungen bleiben die beiden fast 14 Jahre zusammen. 1983 zieht Waltraud für ihr Referendariat nach Oberhausen. Eine Zeit lang führen sie noch eine Fernbeziehung, doch lange geht das nicht gut. Als die Liebe schließlich zu Ende geht, ist das für Steinmeier, der auch in dieser Hinsicht ein Mensch der Kontinuitäten ist, ein schwerer Einschnitt. In der unmittelbaren Zeit nach der Trennung, erinnern sich seine Freunde in Gießen, hätten sie diesen ansonsten so fröhlichen und gutgelaunten Menschen das einzige Mal in vielen Jahren tieftraurig erlebt.

Im Studium beginnt Steinmeiers ungewöhnlich lange WG-Karriere. 14 Jahre sind es in Gießen, dann vier Jahre in Hannover, wobei er dort bereits mit seiner späteren Frau Elke Büdenbender zusammenlebt. Es ist keine ideologische Entscheidung, für Steinmeier ist die Wohngemeinschaft keine Keimzelle der revolutionären Gesellschaft, und er wäre wohl auch nicht auf die Idee mancher Kommunarden gekommen, als Akt gegen den Spießerstaat die Klotüren auszuhängen. Er ist einfach ein geselliger Mensch, der gern andere Menschen um sich hat und dessen Toleranzschwelle sehr hoch liegt. Wenn man ihn so lebhaft davon erzählen hört, denkt man, er hätte das WG-Leben gern noch länger geführt. Doch als seine Tochter Merrit unterwegs ist, wählen er und seine Frau Elke 1996 die bürgerliche Lebensform und nehmen sich in Hannover für die Familie eine Wohnung. Von 1998 bis 2000 wird er allerdings abermals in WGs leben. Mit Gerhard Schröder und anderen aus seinem Team bezieht er ein Gästehaus auf dem Bonner Venusberg; es ist die wohl mächtigste WG Deutschlands. In Berlin kommen Frau und Tochter dann erst mit ein wenig Verzögerung nach. Steinmeier gründet in der Zwischenzeit eine neue WG mit Alfred Tacke, dem Staatssekretär im Wirtschaftsministerium. So blickt er heute auf rund zwanzig Jahre Wohngemeinschaftsleben zurück.

Steinmeiers erste WG liegt im Gießener Stadtteil Wieseck, rund fünf Kilometer von der Innenstadt entfernt. Die Gegend besitzt noch einen dörflichen Charakter – ein Stück Brakelsiek hat er sich vielleicht bewahren wollen. Es sei, erzählt sein langjähriger Mitbewohner Dietrich Härtel, ein «offenes

Haus» gewesen, mit viel Besuch und einer großen Kochrunde an Sonntagen. Für Härtel, der kurz nach dem jungen Mann aus Brakelsiek dort einzieht, war es nicht schwer, es mit Frank-Walter Steinmeier 14 Jahre auszuhalten. An keinen wirklichen Streit, nicht einmal an eine schwere Verstimmung erinnert er sich. «Es ist immer leicht mit Frank gewesen, er war sehr ausgeglichen und strahlte eine Ruhe aus, die sich automatisch auf seine Umgebung übertragen hat.» Die Quelle dieser Gelassenheit vermutet Härtel in Brakelsiek und kommt auf Steinmeiers Eltern zu sprechen, die häufig an den Wochenenden und stets mit einem selbstgebackenen Kuchen in Gießen vorbeischauten. Sie hätten einen großen Gleichmut ausgestrahlt und immer das Gefühl vermittelt, im Leben komme letzten Endes schon immer alles in Ordnung. Und Härtel, der heute als Psychiater in Berlin lebt, findet eine schöne Formulierung für das innere Gleichgewicht Steinmeiers: Er trage wohl auch heute noch ein Stück «inneres Brakelsiek» mit sich durch die Welt. Sehr genügsam sei Steinmeier all die Jahre hindurch gewesen, sein Bier habe er in der immer gleichen Gießener Stammkneipe getrunken. Richtig betrunken habe er seinen Freund allerdings nie erlebt und auch nicht als großen Tänzer auf Partys; Liebhaber der Anekdote kommen bei Steinmeier auch in seinen Gießener Jahren nicht auf ihre Kosten. Vor allem ein Bild seines Freundes hat sich allerdings bei Härtel eingebrannt: wie dieser häufig in Lektüre vertieft in der Badewanne saß und dabei immer alle Zeit der Welt zu haben schien. Ein Träumer ist er vielleicht nicht gerade, aber sein Leben verläuft weiterhin in ruhigen Bahnen und mit Freiräumen, die er sichtlich genießt.

In der Tat ist das Lesen wohl seine große Leidenschaft, und aus dem Jungen aus Brakelsiek, der seine Schulkarriere zwar mit großer Gewissenhaftigkeit, aber ohne den allergrößten Enthusiasmus absolviert hat, wird jemand, der die intellektuellen

Einflüsse aus seiner Umwelt begierig aufsaugt. «Nie mehr in meinem Leben habe ich so intensiv und so viel gelesen wie in den Studienjahren, weit über das Juristische hinaus», schreibt Steinmeier in seinem Buch «Mein Deutschland». Der stärkste intellektuelle Einfluss geht aber von dem Juraprofessor Helmut Ridder aus. Unter den Rechtswissenschaftlern seiner Zeit ist er auf jeden Fall ein Exot. Ridder gilt als linker Staatsrechtler, was allerdings nur im Kontext der mehrheitlich konservativen Rechtswissenschaft Sinn ergibt; mit Sozialismus hat Ridder nämlich nicht viel am Hut. Er fühlt sich einem klassischen Linksliberalismus verpflichtet, und Steinmeier selbst ordnet ihn im Rückblick als «Radikaldemokraten» ein. Einer breiteren Öffentlichkeit ist er vor allem als Vorsitzender des Kuratoriums «Notstand der Demokratie» bekannt, das gegen die Notstandsgesetze der Großen Koalition kämpft. Auch in den Diskussionen um Berufsverbote für Mitglieder der KPD streitet er für die liberale Sache, ist außerdem Mitherausgeber des Alternativkommentars zum Grundgesetz. In seinem Auftreten ist Ridder freilich eine typisch deutsche Ordinarien-Figur: ein wenig eitel, weitschweifig, auf förmliche Distanz zu seinen Studenten bedacht. Doch was Steinmeier an ihm bewundert, das ist seine breite und universale Bildung, die ihn bei Vorlesungen von einem Artikel im Versammlungsrecht mühelos zum Liberalismus des 19. Jahrhunderts und von dort weiter in die griechische Antike springen lässt. Für manche Gießener Jurastudenten sind Ridders Vorlesungen eine regelrechte Pein, denn wie er schreibt, so spricht er auch; seine Sätze sind schier endlos. Wer nur den Examensstoff beherrschen will, kann das Meiste davon rasch vergessen. Wer Ridders Vorlesungen hingegen als intellektuellen Steinbruch begreift und sie durch eigene Lektüre vertieft, für den kann es eine ergiebige Angelegenheit sein. Bei Frank-Walter Steinmeier ist es so.

Besonders wichtig ist Ridder der Blick über den Tellerrand des eigenen Faches. Die Rechtswissenschaft, so findet er, könne nie für sich stehen, sondern müsse sich auch mit anderen Disziplinen auseinandersetzen, vor allem mit der Volkswirtschaftslehre und der Politikwissenschaft. Fachidioten sind ihm ein Gräuel. Hierdurch wird auch Steinmeier nachhaltig geprägt, der sich 1980 zusätzlich in Politikwissenschaft einschreibt und dort einige Seminare besucht. Es fördert die Einsicht, dass man die Politik und das Recht, wie Ridder selbst sagt, «vielleicht unterscheiden, aber nicht trennen kann». Für jemanden, der später an der Schnittstelle zwischen Politik und Verwaltung arbeiten wird, ist das vermutlich eine wichtige Erkenntnis gewesen: dass sich diese beiden Sphären gegenseitig durchdringen, dass es immer einen politischen Kontext gibt, in dem all die Paragraphen erst ihren Sinn ergeben – dass aber andererseits jeder gesellschaftliche Bereich immer auch erst durch die entsprechenden Rechtsnormen politische Gestalt gewinnt. Als er nach Studium und Referendariat in Gießen am Lehrstuhl arbeitet und 1991 bei Ridder promoviert, da sucht sich Steinmeier wohl nicht zufällig ein Thema aus, das bis dahin von der Rechtswissenschaft etwas stiefmütterlich behandelt worden ist: Obdachlosigkeit. Im juristischen Koordinatensystem, so Steinmeier, sei sie weiterhin nur als Störung der öffentlichen Sicherheit definiert, was der sozialen Wirklichkeit mittlerweile völlig hinterherhinke. Am Ende plädiert er für ein «Grundrecht auf Wohnen» und schreibt eine für einen Juristen fraglos sehr politische Arbeit.

Im Mittelpunkt des Kreises von Studenten und Doktoranden, der sich um Ridder bildet, steht die von ihm herausgegebene Zeitschrift «Demokratie und Recht» (DuR). Steinmeier arbeitet seit Anfang der 1980er Jahre im Redaktionsteam mit. Ein weiteres Mitglied ist Brigitte Zypries, die heutige Justizministerin. Es ist eine Bekanntschaft, die für Steinmeiers

Leben noch große Bedeutung haben wird. Die redaktionelle Arbeit absorbiert fortan einen Großteil seiner freien Zeit, und wie sein damaliger Redaktionskollege Michael Breitbach erzählt, sind die Redaktionsräume generell ein Ort der sozialen Begegnung gewesen, in denen viel diskutiert und gemeinsam gegessen und getrunken wurde und sich manche Freundschaften bildeten. Ein unpolitischer Zirkel ist es nicht. Die meisten sind linksliberaler Gesinnung, echte Marxisten bleiben der Gruppe eher fern. Alle Beteiligten wissen auch, was Ridder mit der Zeitschrift bezweckt: Er schafft ein Gegengewicht zum konservativen Mainstream der deutschen Rechtswissenschaft. In den 1970er Jahren reicht das vermutlich schon, um sich ansatzweise verdächtig zu machen, denn «Demokratie und Recht» wird vom Verfassungsschutz beobachtet, was den Redaktionsmitgliedern auch bekannt ist. Das erscheint, liest man die Beiträge in der Zeitschrift heute, einerseits ziemlich absurd. Andererseits wird die Zeitschrift vom Pahl-Rugenstein Verlag getragen, von dem man schon damals und nicht zu Unrecht vermutet, dass er finanzielle Unterstützung aus der DDR erhält. Im Herausgeberkreis finden sich außerdem auch einige linksorthodoxe Juristen und Politologen – und das schafft seit Anfang der 1980er Jahre einige Probleme. Denn die Mehrzahl der Beiträge in «Demokratie und Recht» greift zwar klassisch linke Themen jener Zeit auf, beschäftigt sich etwa mit den Radikalenerlassen oder der Justiz in der NS-Zeit. Doch um nicht als sektiererisch wahrgenommen zu werden und zur Mainstream-Rechtswissenschaft wenigstens den Anschluss zu halten, versucht die Redaktion ein offenes Forum zu bleiben. So bemüht man sich etwa, auch konservativen Juristen die Möglichkeit zur Publikation zu geben, was allerdings angesichts der schroffen Frontstellung innerhalb des Faches nur selten gelingt. Vor allem aber erscheinen Artikel, die sich kritisch mit dem Rechtssystem auf der anderen Seite des Eisernen Vorhangs beschäftigen. Ein Aufsatz, der das DDR-Strafrecht scharf kritisiert, führt endgültig zu einem offenen Zerwürfnis zwischen Ridder und einem Teil der Herausgeber, die nun stärker versuchen, Einfluss auf die Redaktionsarbeit zu nehmen. 1984 resigniert Ridder und tritt von der Redaktion der «DuR» zurück. Das bedeutet auch das Ende der Arbeit für die übrigen Redaktionsmitglieder. Fortan wird die Redaktion dem Hamburger Staatsrechtler Norman Paech übertragen. Steinmeier trifft ihn viele Jahre später persönlich: Er sitzt als Abgeordneter der Linkspartei im BND-Untersuchungsausschuss, vor dem sich der Außenminister zu verantworten hat.

Die Trauer über das Ende des gemeinsamen Projektes ist einerseits groß, denn die Zeitschrift ist ein Stück Lebensinhalt gewesen. Andererseits aber sind die Gängelungen der Herausgeberseite am Ende so stark gewesen, dass Ridders Entscheidung von allen mitgetragen wird. Nun ist auch wieder mehr Zeit für andere Projekte und der Ridder-Kreis arbeitet gemeinsam an einem Kommentar zum Versammlungsrecht. Steinmeier fungiert dabei sogar als einer der Herausgeber.

So ist sein Leben in Gießen mit der Wissenschaft recht ausgefüllt gewesen. Natürlich steht sein Schaffen in einem politischen Kontext, in seinem eigenen Buch gibt er durchaus erschöpfend darüber Auskunft, welche Debatten ihn damals bewegt haben. Und auch seine Publikationen aus der damaligen Zeit zeigen ihn als Menschen mit einer linksliberalen Gesinnung, der freilich den Traum vom Sozialismus nie so recht mitgeträumt hat. Doch auch in Gießen engagierte er sich weder in der SPD noch in der Juso-Hochschulgruppe. Er habe sich eben für Dinge eingesetzt, die ihn persönlich betrafen, sein Leben sei die Universität gewesen, sagt er heute. Im Übrigen habe er ganze Veranstaltungsreihen über die «Zukunft der Arbeit», «Obdachlosigkeit» oder die «Justiz im Nationalsozialismus» initiiert und organisiert und damit gewiss stärker an der Front gestanden als all jene, die «sich den Hintern breit gesessen» und dabei abstrakte Theoriedebatten geführt hätten. Natürlich habe er sich intensiv mit Marx beschäftigt, aber all die rein ökonomistischen Betrachtungsweisen habe er doch für reichlich verengt gehalten.

So spricht lange Zeit alles für eine Universitätskarriere: Die Arbeit am Lehrstuhl und mit den Studenten, die Redaktion der DuR und auch das Publizieren von Aufsätzen, all das macht ihm große Freunde. Dass sein beruflicher Weg eine andere Kurve nimmt, hat in erster Linie mit seiner Dissertation zu tun, die ihm den Spaß an der Sache ziemlich verleidet und ihn vor allem die letzten zweieinhalb Jahre seiner Assistentenzeit beschäftigt. Die Arbeit zur Obdachlosigkeit setzt sich gründlich und systematisch mit der Materie auseinander. Für ihren Autor werden die 444 Seiten mit ihren 200 Untergliederungspunkten allerdings eine zähe Angelegenheit. «So etwas bei der Habilitationsschrift noch einmal zu machen, erschien mir keine sehr erfreuliche Aussicht», sagt Steinmeier trocken.

Doch er hat offenbar keine ganz konkreten Vorstellungen darüber, was er mit seinem Leben anfangen soll. Die grobe Richtung ist klar, es soll eher öffentliche Verwaltung als freie Wirtschaft sein. Irgendwann erreicht ihn ein Anruf von Brigitte Zypries, die mittlerweile in der Staatskanzlei in Hannover arbeitet. Sie erzählt ihm vom rot-grünen Projekt unter Gerhard Schröder, schwärmt von Aufbruchsstimmung und rät ihm, sich doch einmal zu bewerben. Bisher hat er ein ziemlich ruhiges Leben geführt. Jetzt wird es rasant an Fahrt gewinnen.

3. Schröder

Gerhard Schröder ist nur noch ein bis zwei Tage die Woche in Berlin. Die Zeit ist knapp, die Termine des Tages liegen im Halbstundentakt. «So, worum gehts?», fragt er und gibt ein wenig geistesabwesend die Hand, setzt sich in seinen schwarzen Ledersessel und zündet sich erst einmal eine wirklich imposante Zigarre an. Er wirkt nicht so, als mache ihm das Ganze sonderlich Spaß. «Steinmeier», antwortet man so kurz wie nur irgendwie möglich, denn Sigrid Krampitz, die seit Ewigkeiten sein Büro führt und damit auch nach 2005 nicht aufgehört hat, hat zuvor geraten, alle Redundanzen zu vermeiden und bloß nicht herumzuschwafeln. Er wird dann bald etwas zugänglicher, man hat Glück gehabt, über Steinmeier redet er offensichtlich ganz gern.

Und so erzählt Gerhard Schröder, der Altbundeskanzler, von seinem Nachfolger als sozialdemokratischem Kanzlerkandidaten. Das überrasche ihn ja nicht, sagt er, er habe das früher schon gesagt, dass der Steinmeier für alles in Frage komme, die anderen in seiner Truppe hätten das ja nicht ganz ernst genommen. Er aber sei sich sicher gewesen, schon damals in Hannover, erst recht dann in Berlin. Und ja, an die erste Begegnung kann er sich noch sehr gut erinnern, es ist die Geschichte, die auch Frank-Walter Steinmeier erzählt: Man habe einen Medienreferenten gesucht und nach dem zweiten Vorstellungsgespräch in der Staatskanzlei habe der zuständige Abteilungsleiter einen jungen Mann in sein Büro geschickt. «Er trat anders auf als die anderen», sagt Schröder, «der kam nicht in gebückter Haltung zu mir. Mussten die anderen auch nicht, aber manche taten es trotzdem.» So habe man sich also kurz beschnuppert und danach habe er zum Abteilungsleiter gesagt: «Stell den mal ein, der macht mir einen ganz ordentlichen Eindruck.»

Was so lakonisch beginnt, wird die Geschichte der Bundesrepublik prägen: 1991 kreuzen sich in Hannover nicht nur die Wege zweier Männer, die sich in all ihrer Unterschiedlichkeit nahezu perfekt ergänzen. Vielleicht wäre Schröders Weg bis an die Spitze ohne Steinmeier nicht möglich gewesen. Zumindest wäre er wohl nicht sieben Jahre lang Kanzler geblieben. Noch sehr viel sicherer aber ist, dass es den Politiker Frank-Walter Steinmeier ohne Gerhard Schröder nie gegeben hätte: Er lernt von ihm nicht nur, wie die Politik funktioniert, sondern nach dem Ende seiner Kanzlerschaft ist es auch Schröder selbst, der Steinmeier als Außenminister lanciert. Danach allerdings musste Steinmeier auf eigene Rechnung agieren. Wer ihn freilich vor einem größeren Publikum reden hört, der begreift, dass man 14 gemeinsame Jahre nicht so leicht abschütteln kann: Schließt man bei den Reden des Außenministers die Augen, dann glaubt man, den Worten Gerhard Schröders zu lauschen.

Er ist zufrieden mit dem Weg, den sein Mann gemacht hat, vielleicht auch ein bisschen stolz. Doch zu sehr will er das nicht zeigen. Gerhard Schröder weiß, dass er eine Art Lehrmeister, aber auch Steinmeiers Achillesferse ist, weil viele in der Partei seine Rolle kritisch sehen, und auch weil ein Kanzlerkandidat nicht zu sehr mit einem gönnerhaften Vorgänger assoziiert werden sollte. Schröder will Steinmeier nicht schaden; er will, dass sein langjähriger Vertrauter Bundeskanzler wird.

Also versucht Schröder – der die Art, wie die Medien eine Geschichte erzählen und welche Bilder sie dabei benutzen, vielleicht wie kein Zweiter in dieser Republik versteht – den Eindruck zu vermeiden, da hänge jemand am Rockzipfel des Altkanzlers. Natürlich telefoniere man gelegentlich, der Kontakt sei ja nicht ganz abgerissen, sagt Schröder. Doch Steinmeier frage ihn nicht um Rat und würde das auch niemals tun. Er richte sich jetzt nach Steinmeiers Terminkalender, der habe ja nun viel weniger Zeit als er. Manchmal frage er dann, was es denn mit gewissen Dingen auf sich habe, die er ja nur noch aus der Zeitung erfahre. Was die Journalisten zuweilen über seinen Einfluss bei Steinmeiers Inthronisierung zum Kanzlerkandidaten und über angebliche Intrigen schreiben, das, findet Schröder, sei nun wirklich lächerlich. «In den Tagen um Schwielowsee herum war ich die ganze Zeit im Krankenhaus für einen Gesundheitscheck, das erste Mal seit acht Jahren, habe ich vorher immer vor mir hergeschoben.» Er werde im Wahlkampf schon ein bisschen mithelfen, sagt er, aber gewiss keine gemeinsamen Auftritte mit Steinmeier absolvieren. Sonst würden sich die Medien am Ende nur dafür interessieren, wer die bessere Rede gehalten habe, argwöhnt Schröder. Er hat vielleicht eine Ahnung, wer das sein könnte.

So beginnt Steinmeier 1991 also seinen Dienst in der niedersächsischen Staatskanzlei. Das Büro befindet sich zunächst in einem winzigen Zimmerchen im Dachgeschoss, die nur über eine separate Hintertreppe zu erreichen ist. Seine erste große Aufgabe ist, den Staatsvertrag mit dem Norddeutschen Rundfunk neu auszuhandeln. Eine nicht ganz unkomplizierte Angelegenheit ist das: Es gilt, sich in der Staatskanzlei auch mit den Regierungschefs der anderen Nord-Länder abzustimmen und zu einigen. Mecklenburg-Vorpommerns Regierungschef Alfred Gomolka ist zwischenzeitlich fest entschlossen auszuscheren und den gemeinsamen Vertrag nicht zu unterzeichnen.

Steinmeier bleibt Medienreferent bis 1993, doch seine Aufgaben beschränken sich bald nicht mehr auf die Medienpolitik. Formelle Hierarchien sind eben nicht die Sache des niedersächsischen Ministerpräsidenten. Wenn Schröder ein Problem erklärt haben möchte, dann wendet er sich am liebsten gleich an denjenigen, der damit unmittelbar beschäftigt ist. Schröder liebt das Aktenstudium nicht sonderlich, er ist eben das, was man ein «auditiven» Menschen nennt: Er lässt es sich lieber vortragen. Das macht auch Steinmeier in der Folgezeit einige Male, und offenbar nicht allzu schlecht. Denn nach und nach bekommt er auch Aufgaben zugewiesen, für die ein «kleiner Medienreferent» eigentlich nicht zuständig ist. Am 24. März 1992 taucht er jedenfalls, so erzählt es Sigrid Krampitz, das erste Mal offiziell im Dienstkalender Schröders auf. Es geht um das Schengen-Abkommen, die Teilnehmer sind neben dem Ministerpräsidenten der Innenminister Gerhard Glogowski, der grüne Bundesratsminister Jürgen Trittin, die zuständige Abteilungsleiterin für Verfassungsrecht, Brigitte Zypries, der Fraktionschef der SPD Joke Bruns – und schließlich der Referent Frank-Walter Steinmeier. Schon das zeigt einen rasant schnellen Aufstieg jenseits der herkömmlichen Verwaltungshierarchien an. Und so bekommt Steinmeier mit der Zeit immer mehr Sonderaufgaben zugewiesen, nicht nur alles, «was durch die Ritzen von Zuständigkeiten und Verantwortlichkeiten fiel», wie er selbst schreibt, sondern auch jene Dinge, die Schröder für besonders wichtig hält.

Schröder vertraut seinen Leuten, sobald er sich von ihren Fähigkeiten überzeugt hat, und gesteht ihnen dann in hohem Maße Autonomie zu. Das spricht für seine Fähigkeit zu delegieren – und um seine eigenen Defizite zu wissen. Er ist aber vielleicht auch stärker als andere Politiker darauf angewiesen, seinen Mitarbeitern die lange Leine zu lassen, denn die Details der Politik haben ihn zeitlebens nicht sonderlich interessiert. Schröder kalkuliert die öffentliche Erwartung, analysiert sodann die Kräfteverhältnisse und legt abschließend die grobe Richtung fest, in die es gehen soll. Den Rest sollen seine Mitarbeiter besorgen, er kommt erst wieder ins Spiel, wenn Entscheidungen nach außen dargestellt werden müssen. Wer bei ihm Karriere machen will, muss dabei eines beherzigen: Mit nichts kann der Ministerpräsident weniger anfangen als mit Schwaflern und Schwätzern, die sich mit unwichtigen Nebensächlichkeiten aufhalten. Man muss schnell zum politischen Kern der Sache vordringen, dabei die Fakten kennen und nennen, ohne sich in Nebensächlichkeiten zu verlieren.

Steinmeier verfügt über diese Kompetenz. Wissen konnte er das vorher nicht. Gewiss, die juristische Ausbildung hilft, die Dinge prozessual zu betrachten, sich den politischen Verfahrensablauf Schritt für Schritt vorzustellen, mit allen großen und kleinen Abzweigungen, die dabei zu nehmen sind. Sie hält überdies auch zur gebotenen Kürze an, was der Jurist Schröder am Juristen Steinmeier außerordentlich schätzt. Doch seine anderen Talente haben bis dahin doch im Verborgenen geblüht, denn abgesehen von gelegentlichen Organisationsaufgaben am Lehrstuhl hat Steinmeier bis dahin doch ein weitgehend freies Gelehrtenleben geführt. Nun zeigt sich, dass er noch andere Fähigkeiten mitbringt: hohe Belastbarkeit auch unter großem Druck und eine rasche Auffassungsgabe, die ihn sowohl im persönlichen Gespräch als auch beim Aktenstudium zügig zum Kern eines Problems vorstoßen und schnell den Weg durch das Dickicht der Gesetzgebung voraussehen lässt, mit allen Hindernissen und Fallstricken, die da lauern können – er denkt sozusagen die mögliche Kabinettsvorlage sogleich mit. Das alles macht ihn für Schröder wertvoll.

Man kann die Bedeutung der Tatsache kaum überbewerten, dass Steinmeiers erste reale Erfahrung mit der Politik nicht auf emotionsgeschwängerten Parteitagen der Jungsozialisten stattfand, sondern dass er ohne Umwege in das operative Politikgeschäft einstieg. Seine Karriere begann im Reich des Machbaren, nicht im Reich des Wünschbaren. Steinmeiers Realitätssinn ist daher hoch entwickelt, was ihm später einen entscheidenden Vorsprung verschaffen wird. Andererseits: Wenn es einen Realitätssinn gibt, dann muss es im Umkehrschluss wohl auch so etwas wie einen Möglichkeitssinn geben, der nichts mit einem weltfremden Utopismus zu tun hat, aber die wahrgenommene Realität der Gegenwart überwindet und sich eine alternative Wirklichkeit vorzustellen vermag, eben: eine andere Möglichkeit von Politik. Steinmeiers Möglichkeitssinn aber wird in jenen Jahren nicht geschärft. In seiner Welt gab es nun einmal keine Prämie für intellektuell anspruchsvolle, aber letztlich vielleicht ganz folgenlose Gedankenspiele über das, was in zehn Jahren einmal Politik sein mochte. Steinmeiers zeitlicher Referenzpunkt war einzig und allein die Gegenwart. Die einzige Währung, die in ihr zählte, war die Anzahl der Probleme, die er, wenn er abends sein Büro verließ, vom Tisch bekommen hatte.

So beginnt sein Aufstieg innerhalb des Schröder'schen Machtsystems. 1993 wird er bereits Büroleiter des Ministerpräsidenten und 1994 die Abteilung für Planung und Richtlinien der Politik übernehmen. Der große Karriereschub erfolgt 1996. Niedersachsen erlebt einen veritablen Sex-Skandal, nachdem der Finanzminister Hinrich Swieter von einer Frau beschuldigt wird, sie sexuell genötigt zu haben. Die Vorwürfe werden zwar später entkräftet, doch der öffentliche Druck ist zwischenzeitlich so stark, dass Swieter seinen Rücktritt erklärt. Da die personellen Alternativen eher bescheiden sind, muss Schröder einen seiner engsten Mitarbeiter auf den wichtigen Posten befördern, den Staatskanzleichef Willi Waike. Damit ist die zentrale Position im Machtgefüge der Staatskanzlei neu zu besetzen, und Schröders Vertrauen in Steinmeier ist bereits so groß, dass er dem vierzig Jahre alten Verwaltungsjuristen die Nachfolge anträgt. Der aber zögert, so sagt er es jedenfalls, und weiß nicht so recht, ob er sich die Leitung einer Behörde mit immerhin 160 Mitarbeitern auch wirklich zutraut. Er ist gerade fünf Jahre nicht mehr an der Universität, in Niedersachsen nicht besonders verwurzelt und dazu noch ziemlich jung. In den Ministerien, deren Arbeit er zu koordinieren hat, wird er es mit Menschen zu tun haben, die wesentlich älter sind und bisweilen schon seit Jahrzehnten mit der niedersächsischen Politik verwachsen sind. Werden sie ihn auch akzeptieren? Freunde und Kollegen bestärken ihn darin, dass er der Aufgabe gewachsen ist. Das bestätigt sich schnell, anders als seine Sorge, der Neid könnte groß sein: Auch die älteren Kollegen akzeptieren seine Vorrangstellung, da er offenkundig nicht den Eindruck macht, nun abzuheben. Man kann unter den Protagonisten der niedersächsischen Politik der 1990er Jahre lange suchen – und wird doch vermutlich niemanden finden, der etwas Negatives über Steinmeier zu berichten hätte.

Steinmeier ist jetzt für die Koordination des Ganzen zuständig. Welche Probleme das Land Niedersachsen auch beschäftigen, am Ende landen sie auf seinem Schreibtisch. Steinmeier bereitet für Schröder in jener Zeit wesentliche Entscheidungen vor: die Vertiefung der Ems, um die Existenz der Meyer-Werft in Papenburg zu sichern; die öffentlichkeitswirksame Rettung des Flugzeugwerkes Lemwerder, für die sich natürlich der Ministerpräsident feiern lässt, dessen Details aber Steinmeier regelt. Das meiste davon spielt für die spätere Politik auf Bundesebene keine besondere Rolle, dafür sind die Probleme doch zu unterschiedlich, die Dimensionen ganz andere. In der Landespolitik lässt sich auch keine ausgeklügelte Ordnungspolitik durchsetzen: Man kümmert sich vor allem um die Probleme, die gerade anfallen. Ein Politikbereich jedoch, mit dem Steinmeier es zu tun bekommt, ist für spätere Aufgaben eminent wichtig: die Energiepolitik. Denn die rot-grüne Landesregierung Gerhard Schröders wie auch sein zweites Kabinett, für

das er dank einer absoluten Mehrheit 1994 keinen Koalitionspartner mehr benötigt, bastelt bereits an Ideen zum Atomaus-
stieg. In Niedersachsen scheitern die Konsensgespräche noch,
und den entscheidenden Hebel stellt Hannover in dieser Frage
ohnehin nicht. Aber Steinmeier kennt aus ebendieser Zeit die
Ängste der Energiewirtschaft ebenso wie die Befindlichkeiten
der Umweltverbände. Und nicht zuletzt ist sein Gesprächspartner bei den Grünen schon damals Jürgen Trittin, der dann
später Bundesumweltminister wird. Steinmeier weiß 1998
daher sehr genau, wo die Schmerzgrenzen aller Beteiligten
liegen und mit welcher Mischung aus Anreiz und Drohung er
sie zu Zugeständnissen bringen kann. Später wird der Atom-
ausstieg neben vielem, was die Regierung Schröder/Fischer
auch an Fehlleistungen zu verbuchen hat, zu einer wahrhaften
Erfolgsgeschichte werden – wenngleich ihre Resultate mittlerweile nicht mehr in Stein gemeißelt scheinen.

So wird Steinmeier für Schröder immer wichtiger, am Ende
fast unverzichtbar. Der Ministerpräsident, so wird es immer
wieder kolportiert, nennt ihn seinen «Mach mal». Das klingt
ein wenig despektierlich, meint aber eigentlich nur, dass sein
Vertrauen nahezu grenzenlos ist und er die Dinge bedenken-
los an ihn delegieren kann. Was an Persönlichem zwischen
ihnen existiert, ist allerdings nicht so einfach herauszufinden.
Ein sehr freundschaftsfähiger Mensch ist Schröder nicht und
auch als Vorgesetzter nicht für alle leicht zu ertragen. Er kann
sehr schroff sein, auch cholerisch und in solchen Augenbli-
cken ist er bisweilen äußerst verletzend. Grundsätzlich hat er
zu seinen Mitmenschen ein sehr unsentimentales Verhältnis,
und wie bei vielen erfolgreichen Politikern sind auch bei seinem Aufstieg zahlreiche Opfer am Wegesrand liegen geblieben. Doch selbst der manchmal abweisende Schröder braucht
Rückzugsorte, Menschen, denen er ganz und gar vertrauen
kann, bei denen er weiß, dass sie keine eigenen politischen

Ambitionen hegen. Menschen wie seine treue Büroleiterin Sigrid Krampitz, wie sein Pressesprecher Uwe-Karsten Heye. Auch bei Steinmeier setzt bald ein Verhältnis ein, das über das rein Politische hinausgeht. Doch ob das Freundschaft ist? Ob es überhaupt Freundschaft in der Politik gibt? Viele Spitzenpolitiker beantworten die Frage danach zumeist abschlägig. Vertrauen, Wertschätzung, Sympathie auch, diese Worte kommen ihnen leicht über die Lippen. Doch mit dem Begriff Freundschaft tun sie sich schwer, reservieren ihn doch lieber für ihr Privatleben. Zu groß, so sagen sie, sei das Misstrauen im Haifischbecken der Politik, zu gering auch die Zeit, um eine Freundschaft zu pflegen. Und dann hat das Wort bisweilen auch einen schlechten Beigeschmack in der Öffentlichkeit, wird nicht selten mit Kumpanei, Filz und Vetternwirtschaft assoziiert; Helmut Kohl hatte in der Tat sehr viele Freunde. Auch Schröder behilft sich heute damit, zu sagen, dass Steinmeier irgendwie natürlich ein Freund sei, so etwas in der Politik aber immer nur eingeschränkt möglich sei. Andererseits: Spitzenpolitiker verbringen bis zu 16 Stunden am Tag mit ihren Mitstreitern. In dieser Zeit teilen sie alles: Niederlagen und Triumphe, Frustrationsgefühle und Glücksmomente, und natürlich bringt jeder von ihnen auch seine privaten Probleme mit, die in einem solch besonderen Verhältnis nicht verborgen bleiben können. Und sie brauchen Sphären der Verschwiegenheit, in denen sie den permanenten Rollendruck verarbeiten können. Frei von Einsamkeit ist auch Schröder nicht, gerade in den Zeiten, da ihm als Kanzler der Wind manchmal eisig ins Gesicht weht. In Berlin, wo Schröder unter der Woche ohne seine Familie lebt, bittet er Steinmeier noch manchmal spät abends für einen kleinen, thematisch nicht unbedingt dringlich erscheinenden Plausch ins Büro. Für den Kanzleramtschef ist das nicht immer angenehm: Auf ihn wartet in Zehlendorf seine Familie.

Steinmeier ist ohnehin eine Ausnahme: Er hat viele Freunde und scheut sich nicht, sie auch so zu nennen; seitdem ihr Dienstverhältnis beendet ist, schließt er auch Gerhard Schröder mit ein. Parteifreunde sind das bei ihm natürlich weniger, aber es gibt doch für viele dieser Freundschaften einen beruflichen und politischen Kontext. Aus allen Stationen seines Lebens sind ihm Menschen geblieben, die er als Freunde empfindet, auch aus der Hannoveraner Zeit, wo sich einmal im Jahr eine Gruppe trifft, die sich die «90er» nennt und die Staatssekretäre der Schröder-Ära umfasst. Vermutlich sind ihm Freundschaften deshalb so wichtig, weil sie sein Streben nach Kontinuität unterstützen, ein roter Faden in seinem Leben sind. Und schließlich hat Steinmeier auch deswegen ein anderes Verhältnis zur Freundschaft, weil er in seiner Karriere nicht den steinigen Weg des Parteipolitikers gehen musste, keinen wirklichen Verrat erlebt hat und daher von persönlichen Verletzungen weitgehend verschont geblieben ist.

Seit März 1998, nach einer weiteren erfolgreichen Landtagswahl, ist Schröder Kanzlerkandidat. In Hannover sieht man ihn fortan weniger, denn er muss auf den Marktplätzen der Republik für die Ablösung der Regierung Kohl kämpfen. Und so bereitet sich bereits Gerhard Glogowski, der Innenminister, auf die Nachfolge vor und leitet auch die wöchentlichen Kabinettssitzungen. Der wahre Entscheider aber ist Steinmeier, bei dem die Fäden zusammenlaufen und von dem mittlerweile bekannt ist, dass er mit voller Prokura des Ministerpräsidenten arbeitet. Selbst Glogowski akzeptiert das – dass er sich von Steinmeier lediglich gründlich beraten lässt, ist wohl noch eine Untertreibung. Steinmeier ist Schröders Statthalter in Hannover und regiert ein halbes Jahr lang weitgehend eigenständig. Die Arbeitsteilung zahlt sich jedenfalls aus: Die SPD gewinnt die Bundestagswahl und kann gemeinsam mit den Grünen die Regierung Helmut Kohls ablösen.

Der Zufall hat Steinmeier damals an Schröders Seite gebracht. Er besaß 1991 auch ein Angebot aus Nordrhein-Westfalen, hätte dort für Johannes Rau in der Staatskanzlei arbeiten können und war schon drauf und dran, anzunehmen. Alles wäre anders gekommen, denn es liegt keine Schicksalhaftigkeit in dieser Karriere. So aber folgt Steinmeier Gerhard Schröder, zuerst nach Bonn und bald nach Berlin.

4. «Seine Effizienz»: Steinmeier als Chef des Bundesanzleramts

Zwei Jahre also hat Steinmeier dem Ministerpräsidenten bei dessen Kampf um die Kanzlerkandidatur den Rücken freigehalten; im letzten halben Jahr war im Grunde er der heimliche Regent in der Hannoveraner Staatskanzlei. Doch die Mühe hat sich ausgezahlt: Gerhard Schröder zieht ins Kanzleramt ein. Frank-Walter Steinmeier, so viel scheint klar, steigt damit vom Leiter der niedersächsischen Staatskanzlei zum Chef des Bundeskanzleramtes auf. Mehr kann ein politischer Spitzenbeamter in diesem Land nicht erreichen.

Jedenfalls wird es so mit gutem Grund von jedermann erwartet, und auch Steinmeier wird sich den Ablauf der Geschehnisse in diese Richtung ausgemalt haben. Schließlich neigen die meisten Bundeskanzler dazu, sich gerade zu Beginn ihrer Amtszeit mit Menschen zu umgeben, mit denen sie seit langem eng zusammenarbeiten. In der Politik ist Vertrauen die vielleicht wichtigste Ressource, ihr Aufbau dauert viele Jahre. Und in der Tat nimmt Schröder seine engsten Mitstreiter mit nach Bonn und Berlin: Sigrid Krampitz soll auch im Kanzleramt das Büro Schröders leiten, Uwe-Karsten Heye die Politik des Kanzlers nun auf der nationalen Bühne nach außen verkaufen. Thomas Steg und Reinhard Hesse erhalten weiterhin die Aufgabe, Reden zu schreiben. Insgesamt ziehen gar zwanzig Mitarbeiter von der Leine an den Rhein.

Doch für Steinmeier kommt es zu dessen großer Enttäuschung ein wenig anders. Schröder hat seinen westfälischen Landsmann zwar als Staatssekretär auserkoren, ihm zudem die Verantwortung für die Koordination des Bundesnachrichtendienstes übertragen. Die Behörde selbst soll jedoch ein anderer leiten: Bodo Hombach. Er soll Kanzleramtschef mit Ministerrang werden.

Damit hat Schröder eine durchaus phantasievolle Entscheidung getroffen. Unter all den Männern (und bisher waren es nur Männer), die die Politik der deutschen Kanzler koordinierten, ist Hombach schon eine sehr spezielle Figur. Die meisten Kanzleramtschefs waren erfahrene Verwaltungsjuristen, einige von ihnen hatten sich zudem als Parlamentarier ihre Sporen verdient. Und es gehört nachgerade zu den Binsenweisheiten der Bonner und später auch Berliner Politik, dass für die Spitze des Behördenapparates Menschen prädestiniert sind, die nicht nur tüchtige Organisatoren sind, sondern auch dem Bild der «Grauen Eminenz» entsprechen: stille Makler der Macht, die im Hintergrund, gleichsam unsichtbar, die Fäden ziehen. Sie müssen nicht unbedingt die programmatischen Stichwortgeber des Kanzlers sein und nicht einmal sonderlich kreative Köpfe; für solcherlei Eigenschaften kann sich ein Kanzler auch andere Menschen in seiner näheren Umgebung halten. Ihre Aufgabe ist es allein, für eine straffe Koordination der Regierungsarbeit zu sorgen, widerspenstige Minister auf Linie zu bringen, frühzeitig zu wittern, wo bei bestimmten Gesetzesvorhaben die Fallstricke liegen, und außerdem darauf zu achten, dass die wirklich wichtigen Themen auf dem Schreibtisch ihres Vorgesetzten landen. Keinesfalls aber dürfen sie auf öffentliche Anerkennung für ihre Arbeit hoffen. Denn diese Anerkennung gebührt stets nur ihrem Vorgesetzten, dem Kanzler.

Der neue Chef des Bundeskanzleramtes indes ist nichts von alledem. Anders als die meisten seiner Vorgänger ist Hombach auch kein gelernter Verwaltungsjurist. Seine Vita ist die des klassischen sozialen Aufsteigers, wie er mit der «Generation

Schröder» in der SPD mittlerweile vermehrt nach oben gekommen ist. Nach einer Ausbildung zum Fernmeldetechniker hat Hombach auf der Abendschule das Abitur nachgeholt und danach Sozialwissenschaften studiert. Über seine Arbeit beim Deutschen Gewerkschaftsbund und verschiedenen Einzelgewerkschaften ist er dann zur nordrhein-westfälischen SPD gestoßen und 1981 deren Landesgeschäftsführer geworden.

Damit beginnt sein steiler Aufstieg zu einer der originellsten und intellektuell umtriebigsten Figuren der Sozialdemokratie in den 1980er und 1990er Jahren. Hombach erfindet den Slogan «Wir in Nordrhein-Westfalen» und managt für den Ministerpräsidenten Johannes Rau drei erfolgreiche Landtagswahlkämpfe. 1985 holt Rau mit Hombachs Hilfe sogar die absolute Mehrheit. Schon Anfang der 1990er Jahre beginnt Hombach sich als wirtschaftsliberaler Sozialdemokrat zu profilieren, ruft Ludwig Erhard zum Ahnherrn einer modernen Sozialdemokratie aus und propagiert die Öffnung der SPD. Und schon sehr bald findet er ein konkretes Vorbild für den künftigen Weg der deutschen Sozialdemokratie: die englische Labour-Partei unter ihrem Vorsitzenden Tony Blair. Das ist die Richtung, die Hombach für alternativlos hält. Sich selbst sieht er dabei in der Rolle des Peter Mandelson, jenes legendären Spindoktors, der für Blair «New Labour» erfand.

Hombach ist, was in der Politik nicht mehr sehr häufig vorkommt, tatsächlich ein neugieriger Zeitgenosse, der viel liest und sich stets nach interessanten Gesprächspartnern in der Wirtschaft und Wissenschaft umschaut. In seinem Stil und seinem Auftreten ist von einem intellektuellen Feingeist indes wenig zu spüren. Der Mann kräftiger Statur ist auch ein Meister darin, seinen Mitstreitern auf die Füße zu treten. Auf Befindlichkeiten anderer nimmt er keine übertriebenen Rücksichten. Von sich selbst und seinen Fähigkeiten zutiefst überzeugt, lässt er jedermann spüren, dass er sich für den Klügsten hält. Hombach inszeniert jedoch nicht nur seine Überlegenheit, sondern zeigt wie so viele andere soziale Aufsteiger auch aller Welt, dass er es geschafft hat: Er zelebriert einen aufwendigen Lebensstil mit teuren Klamotten, feinem Essen, edlen Weinen und dicken Zigarren. In seiner Neigung zum Protz ist er Schröder fraglos wesensverwandt. Sie gleichen sich auch darin, dass sie beide den öffentlichen Auftritt genießen.

An kritischen Stimmen, die schon damals warnten, dies sei nicht gerade das für einen Kanzleramtschef passende Persönlichkeitsprofil, hat es von Anfang an nicht gemangelt. Und auch Schröder selbst wird gewusst haben, dass er sich mit Hombach keinen Typus wie Hans Globke ins Haus holte. Warum aber hatte sich Schröder dann für Hombach und gegen Steinmeier entschieden?

Viele glauben, dass Hombachs Installation von Anfang an nur dem einen Zweck diente: Der durchsetzungsstarke Hombach sollte den Einfluss Oskar Lafontaines, der nach dem Regierungswechsel «Superminister» für Wirtschaft und Finanzen wurde, auf die Regierungsarbeit eindämmen. In der Tat erzählte man sich bald, dass Lafontaine von Hombach absichtlich nur ungenügend über die Vorhaben der Regierung unterrichtet wurde, der Kanzleramtschef überdies befreundete Journalisten mit allerlei Gemeinheiten über den neuen Finanzminister fütterte. Dass Lafontaine schließlich im März 1999 über Nacht seine Ämter als Minister und SPD-Chef niederlegte, das schreibt sich Hombach heute denn auch auf seine Fahnen, wie Daniel Friedrich Sturm in seinem Buch «Wohin geht die SPD?» berichtet: Es habe, so ist dort zu erfahren, ein kurzes, aber sehr «konfrontatives» Gespräch gegeben, über dessen Inhalt er natürlich nichts Genaueres sagen könne, sagt Hombach. Auf jeden Fall sei Lafontaine am folgenden Tag von allen Ämtern zurückgetreten.

Andererseits hätte es wohl auch Steinmeier gewiss nicht

an robuster Durchsetzungsfähigkeit gemangelt, um den Zugriff des Saarländers auf den Regierungsapparat energisch zurückzuweisen. Schröder war das sicherlich bewusst. Seine Entscheidung für Hombach ist deshalb wohl auch anderen Beweggründen geschuldet. Schröder wollte tatsächlich einen programmatischen Schrittmacher und erprobten Stichwortgeber im Zentrum seines Regierungsapparates haben, keinen bloßen Koordinator, sondern einen Spindoktor, der auch öffentlich wirken kann. Und das war exakt die Aufgabe, die Hombach seinen eigenen Talenten angemessen empfand. Steinmeier traute der Kanzler das nicht im selben Maße zu, schließlich, so erklärt der Altbundeskanzler rückblickend, habe der öffentliche Auftritt in Hannover noch nicht zu dessen Aufgaben gehört. Zudem mag Schröder den Menschen Hombach wirklich, erfreut sich an dessen zupackender, etwas burschikoser Art ebenso wie an seinem Ideenreichtum.

Für Steinmeier brechen somit in diesem aus sozialdemokratischer Sicht erfreulichen Herbst 1998 unerfreuliche Zeiten an. Mancherorts ist nachzulesen, dass der in seinem engsten Umfeld durchaus harmoniebedürftige Kanzler Steinmeier die schlechte Nachricht nicht selbst überbrachte, stattdessen seine Büroleitern Sigrid Krampitz schickte – eine Geschichte, die Krampitz selbst im Gespräch allerdings für «ausgemachten Blödsinn» hält. Auch Schröder selbst sagt, dass er Steinmeier seine Entscheidung in einem persönlichen Gespräch erklärt habe. Steinmeier habe ihr nicht unbedingt freudig zugestimmt, sie aber ohne großes Murren akzeptiert. Er, Schröder, habe seine Wahl auch nie als eine Zurücksetzung Steinmeiers empfunden – schließlich habe es sich um ganz andere Aufgabenbereiche gehandelt; ein eingehendes Gespräch über die Besetzung der Kanzleramtsspitze hat es zwischen ihm und Steinmeier aber weder damals noch später gegeben. «Als Schröder mir das sagte, war mir klar, dass ihm klar war, dass er eine Enttäuschung produziert. Das war auch so», sagt Steinmeier heute. Insofern aber habe es keiner großen Erläuterungen mehr bedurft.

Das Maß der Kränkung ist in jedem Fall beträchtlich. Spätestens seit 1996 ist Steinmeier schließlich Schröders engster Mitarbeiter gewesen, hat entscheidend an seiner Kanzlerwerdung mitgewirkt. Jetzt aber wird ihm ein anderer übergeordnet, der erkennbar in ganz besonderer Weise das Ohr des Kanzlers hat. Schlimmer noch: Formell ist nun nicht mehr Schröder, sondern Hombach sein Vorgesetzter. Letztlich ist es nun Hombach, der entscheidet, welche Informationen den Kanzler erreichen, der dafür sorgt, dass dessen Schreibtisch von zu vielen Akten verschont bleibt; Steinmeier hat sich, so sieht es die Hierarchie vor, als dessen Staatssekretär um Hombachs Schreibtisch zu kümmern.

Zu allem Überfluss pflegen der Kanzler und seine neue Nummer eins einen kumpelhaften, männerbündischen Umgang miteinander, was bei Steinmeier und Schröder in dieser extremen Form nie der Fall gewesen ist. Steinmeier schwante wohl schon während des Wahlkampfes, was sich in der Männerfreundschaft zwischen diesen beiden politisch anbahnte. Irgendwann im April oder Mai 1998 erzählte Steinmeier einem Freund, wie man zu dritt zusammengesessen habe und Schröder gesagt habe: «Na, Bodo, dann machen wir beide das in Bonn und Berlin. Und der Frank macht die Arbeit.» Eine formelle Zusage für den Chefsessel hat es allerdings wohl nicht gegeben. Steinmeier wusste, dass er im Falle eines Wahlsieges Schröder selbstverständlich begleiten würde, doch seine genaue Funktion hatte der Ministerpräsident ihm nicht mitgeteilt. Das, ergänzt Steinmeier, habe auch für die anderen aus dem Team gegolten. Von einem Wortbruch konnte also keine Rede sein. Aber als Vertrauensbeweis konnte Steinmeier die Situation nicht empfinden.

Und der Kanzler gibt sich keine besondere Mühe zu verbergen, wem seine Gunst gehört. Auf einer Reise im Challenger-Flugzeug nach Hannover, die von den Journalisten später beschrieben wird, lobt Schröder in geselliger Runde Hombachs Ideenreichtum und sagt dann launig zu Steinmeier: «Frank, und du bist dann dafür zuständig, von den vierzig guten Ideen, die Bodo hat, fünf umzusetzen.» Steinmeier erstarren die Gesichtszüge ob des machiavellistischen Spiels, das Schröder da treibt. «Manchmal hatte er so eine Vorstellung, dass er einen Dr. Jekyll und einen Mr. Hyde braucht», erzählt sein damaliger Pressesprecher Uwe Karsten Heye. Schröder betraute sehr unterschiedliche Charaktere mit einer ähnlichen Aufgabe und war gespannt, wie die Dinge sich wohl entwickeln würden. Das ist zwar im Grunde eine probate Herrschaftsstrategie, um Konkurrenten, Rivalen und potentielle Kronprinzen auf die eigene Person zu verpflichten und sich ihre Loyalität zu sichern. Doch im engsten Zirkel, in dem eine Atmosphäre gegenseitigen und uneingeschränkten Vertrauens sicher nicht schadet, wirkt solcherlei eher kontraproduktiv. Schröder sollte das noch zu spüren bekommen.

Nach außen hin versteht Steinmeier es, die Situation mit Fassung zu tragen. Ihm ist kein böses Wort zu entlocken. Nur manchmal, so beobachten es einige Journalisten, steigt ihm eine verräterische Blässe ins Gesicht, Ausweis unterdrückter Aggressionen. Der Gedanke, der ganzen demütigenden Situation seinerseits ein schnelles Ende zu bereiten, ist ihm dann auch kurz durch den Kopf gegangen. Doch sich einfach davonzumachen, sagt er heute, und damit Schröder im Stich zu lassen, das hätte seinem eigenen Selbstverständnis nicht entsprochen.

Im Übrigen wird früh absehbar, dass diese Situation nicht von Dauer sein muss. Denn der Partylaune nach dem Wahlsieg folgt mit nicht allzu großer Verzögerung ein heftiger Kater. Zwar haben die meisten Regierungen die Erfahrung gemacht, dass die Mühen alltäglicher Regierungsarbeit den anfänglichen Elan schnell aufzehren, weswegen die berühmten «100-Tage-Bilanzen» in den Medien fast durchweg von Häme und Spott geprägt sind. Selten aber ist wohl eine Regierung in dieser Geschwindigkeit wieder auf dem Boden der Tatsachen gelandet.

Natürlich, das hat vor allem mit dem ungelösten Machtkonflikt zwischen Schröder und Lafontaine zu tun, die einfach kein Zutrauen zueinander finden und sich gegenseitig belauern. Auch ist der Machtwechsel von 1998 der erste komplette Regierungswechsel in der Geschichte der Bundesrepublik: Weder die Politiker der Grünen noch die Protagonisten der SPD besitzen Regierungserfahrung auf Bundesebene. Doch es sind auch die Pannen und Ungeschicklichkeiten im Kanzleramt, die es der neuen Regierung so schwer machen, ihren Kurs zu finden. Und an denen ist Bodo Hombach nicht ganz unbeteiligt. Zum einen prescht er bei jeder sich ihm bietenden Gelegenheit vor und versucht die SPD in Richtung «New Labour» zu zerren, was für ihn vor allem der Deregulierung und einem Umbau des Sozialstaates gleichkommt. Und Schröder lässt ihn gewähren, was nicht nur Oskar Lafontaine provoziert, sondern auch viele in der SPD-Fraktion nachhaltig verstört. Überhaupt kocht Hombach auf vielen Herdplatten, doch kein Gericht so ganz zu Ende. Ob bei den 630-DM-Jobs oder der Zwangsarbeiterentschädigung, überall zieht Hombach, natürlich mit dem Plazet des Kanzlers, die Dinge energisch an sich – bis ihn seine Neugierde rasch verlässt und er die nächste Baustelle eröffnet. So steht das vorgelegte Tempo in keinem Verhältnis zu den Ergebnissen und trotz all der hektischen Betriebsamkeit bleiben die meisten Projekte der Regierung auf der Strecke.

Doch das allgemeine Tohuwabohu ist nicht allein Hombachs Schuld. Es ist ja eine einmalige Konstruktion: Knapp unter einem Kanzleramtschef im Ministerrang thront ein formell wie faktisch noch immer sehr starker Staatssekretär. In den Ministerien herrscht daher schnell Verwirrung, man ist nicht sicher, wer im Kanzleramt eigentlich der richtige Ansprechpartner ist. Besser und sorgfältiger bedient wird man fraglos von Steinmeier, die Gunst des Kanzlers aber scheint Hombach zu besitzen. Und Schröder hatte wohl auch nicht bedacht, dass er mit Hombachs Installation ja nicht nur Steinmeier vor den Kopf stieß. Mit dem neuen Kanzler zog ein über Jahre eingespieltes Team nach Bonn, mit seinen eigenen Spielregeln, Routinen, Hierarchien und Gewohnheiten, in dem jeder seine Rolle kannte und um seine Bedeutung wusste; gemeinsam hatte man schon manche Krise durchgestanden. Und Steinmeier war spätestens seit 1996 der Primus inter Pares gewesen. Jetzt aber ist plötzlich alles anders, die Balance des Schröder'schen Küchenkabinetts empfindlich gestört. Obgleich auch Hombach einige Vertraute mitbringt, ist die Hannoveraner Fraktion bei weitem stärker, und deren Loyalitäten stehen im Konfliktfall völlig außer Frage. Hombach halten die meisten für einen aufgeblasenen Wichtigtuer, der mehr Schaden anrichtet als Nutzen stiftet und der zum Teamspiel völlig unfähig ist. Hombach wiederum weiß um diese Stimmung gegen ihn und spielt mit dem Gedanken, sich einen eigenen Arbeitsstab zuzulegen. Das wiederum nährt das Misstrauen der Hannoveraner. Und so passiert, was in höfischen Gesellschaften ohne feste Hierarchien nun einmal passiert: Es bilden sich Cliquen und Grüppchen, die sich gegenseitig nicht über den Weg trauen.

Bisweilen gebiert diese Konstellation bizarre Situationen. Als Hombach wegen seines umstrittenen Hausbaus – ihm wird unterstellt, von einem Energiekonzern Preisvergünstigungen in sechsstelliger Höhe erhalten zu haben – in die Kritik gerät und sich bei einer aktuellen Fragestunde vor dem

Bundestag erklären soll, da zieht er es vor, dieser unangenehmen Veranstaltung lieber fernzubleiben. Stattdessen schickt er ausgerechnet seinen Staatssekretär Frank-Walter Steinmeier, dem dann die Aufgabe zufällt, die dubios erscheinenden Privatpraktiken Hombachs zu verteidigen. Im Kanzleramt, so erzählen es auch Steinmeier wohlgesonnene Menschen, ging es derweil wie im Kindergarten zu: Jeder habe dem Kanzler zeigen wollen, dass seine Schaufel die größere ist. Wenn Hombach Weisungen an Steinmeier gab, dann ging dieser so manches Mal zum Kanzler, um die Dinge wieder geradezurücken. Später wurde Hombach beim Kanzler vorstellig, um sich eben darüber zu beschweren.

Wahrscheinlich hilft Steinmeier in dieser nicht einfachen Zeit, dass seine Bedeutung im Kanzleramt ja trotz alledem wächst. Die Koalitionsfraktionen und Ministerien wenden sich mit ihren Anliegen immer häufiger an ihn und nicht an Hombach, dessen Schreibtisch zuweilen schon als «Bermuda-Dreieck» verspottet wird, auf dem zwar vieles lande, doch nur wenig wieder auftauche. Da scheint es, den ungeklärten Kompetenzen zum Trotz, doch besser, sich gleich an Steinmeier zu wenden.

Ob Steinmeier auch aktiv gegen Hombach gearbeitet hat, lässt sich hingegen schwer sagen. Sehr wahrscheinlich ist das nicht, und Hombach, der es wissen müsste, schweigt eisern zu seiner kurzen Episode im Kanzleramt. Ein Mann der ausgeklügelten Intrige ist Steinmeier indes nicht. Außerdem bedeutet jeder Schaden für Hombach einen Schaden für Schröder und die gesamte Regierung. Doch immerhin: Er, der sehr genau weiß, wie Behördenapparate funktionieren, kennt die ganz legalen Hebel, mit denen sich der eigene Einfluss sichern lässt. Ein damaliger Mitarbeiter des Kanzleramtes berichtet etwa von einem von Steinmeier verfassten Papier, das wenige Wochen nach dem Regierungswechsel kursierte. Darin habe Schröders treuer Paladin die Aufgabenteilung zwischen sich und Hombach festlegen lassen. Auf den ersten Seiten hätten lauter Dinge ge-standen, die Hombachs Aufgaben betrafen, etwa dass ihm jede Rede des Kanzlers vorzulegen sei; und einige andere Allein-kompetenzen. Der viel beschäftigte Hombach, der nicht zu den akribischsten Konsumenten interner Vermerke gehört, habe seine eigenen Kompetenzen am Rand zufrieden mit anfangs noch recht akkurat gesetzten Häkchen versehen. Doch ab der dritten Seite habe man sehen können, wie seine Aufmerksam-keit langsam erlosch. Erst auf den hinteren Seiten aber habe der Staatssekretär Steinmeier seinen eigenen Kompetenzbereich definiert. Und der hatte es in sich, umfasste unter anderem die hauptsächliche Verantwortung für die Koordinierung der Ministerien. Damit habe sich Steinmeier einen entscheidenden Informationsvorsprung gesichert und Hombach auf diese Wei-se nach und nach «inhaltlich ausgetrocknet».

Irgendwann wird auch Schröder klar, dass seine unkonven-tionelle Machtkonstruktion vielleicht doch keine geniale Idee ist. Steinmeier selbst sieht jedenfalls voraus, wer bei alledem die Oberhand behalten wird. Im Frühjahr 1999 teilt er einem Freund mit, dass Hombachs Zeit im Kanzleramt wohl bald ablaufen werde – länger als ein paar Monate könne es nicht mehr dauern.

Diese Prophezeiung trifft ziemlich genau ein. Spätestens seit dem Rücktritt Oskar Lafontaines im März 1999 drängt insbesondere die Partei-Linke darauf, Schröders Spindoktor aus dem Zentrum der Macht zu entfernen. In ihren Augen ist es vor allem Hombach, der Lafontaine isoliert hat und mit seinen programmatischen Alleingängen jede Abstimmung verhindert. Und natürlich wissen sie, dass er der eigentliche Erfinder des «Schröder-Blair-Papiers» ist, welches in seiner Lobpreisung freier Märkte, von Deregulierung und Staats-rückzug tatsächlich einen Bruch mit manch liebgewordenen sozialdemokratischen Grundsätzen bedeutet.

Und dann lässt sich natürlich der vermeintliche Skandal um Hombachs imposante Villa in Mühlheim vortrefflich ausschlachten. Die ganze Geschichte, obgleich sie sich quälend lange hinzieht, ist wohl nicht so gravierend, dass Hombach sie nicht hätte aussitzen können. Doch im Verbund mit vielem anderen fördert sie Schröders Einsicht, dass er den vielleicht richtigen Mann an die falsche Position gesetzt hat. Als sich schließlich die Gelegenheit ergibt, Hombach mit der halbwegs respektablen Position eines EU-Sonderbeauftragten für den Wiederaufbau des Balkans abzufinden, findet sich auch eine Lösung, die diesen das Gesicht wahren lässt.

Schröders Instinkt mag ihn dieses eine Mal getrogen haben, aber der neue Kanzler ist niemand, dem der gleiche Fehler ein zweites Mal unterläuft. Nach Hombachs Weglobung übernimmt Frank-Walter Steinmeier Hombachs Posten und wird neuer Kanzleramtschef. Er ist dort angelangt, wo er schon im Herbst 1998 hingehört hätte: an der Spitze des mächtigsten Behördenapparates der Bundesrepublik.

Triumphgefühle zeigt Steinmeier nicht. Als er wenige Wochen nach Hombachs Ausscheiden über seine Art der Amtsauffassung spricht, lässt er lediglich verlauten, dass er sich keinesfalls in der Rolle des Spindoktors sieht, und schiebt nach: «Man kann nicht nebenbei Programmatik der Partei schreiben – im Übrigen können das andere besser.» Eine kleine Spitze gegen seinen Amtsvorgänger ist das, und in der SPD hört man solche Sätze gerne. Niemand glaubt, dass der Mann, der später einmal als Architekt der Agenda 2010 gelten wird, einen ähnlichen Aufruhr wie Hombach auslösen könnte.

Der neue Chef macht auch in formeller Hinsicht sehr schnell klar, wie er die Akzente zu setzen gedenkt. Schröder bietet ihm an, das Amt des Leiters des Bundeskanzleramtes ebenfalls mit Ministerrang zu versehen. Doch Steinmeier lehnt das ab und bleibt auch als Chef des Bundeskanzleramtes lieber Staatssekretär; ein Ministeramt, begründet er seinen Entschluss gegenüber Schröder, schaffe lediglich zu viel Aufmerksamkeit und ziehe unweigerlich öffentliche Auftritte nach sich. Steinmeiers Vorbild aber ist Manfred Schüler, der Kanzleramtschef Helmut Schmidts, mit dem er schon vor der Regierungsübernahme ein langes Gespräch geführt hat, und der ihm ebenfalls geraten hat, jede öffentliche Heraushebung auf das Tunlichste zu vermeiden. So hat er es auch bisher gehalten, so dass den Bonner Journalisten am Tag seiner «Beförderung» bei den obligatorischen Kurzporträts nichts rechtes einfallen will. Die einfachste Lösung für das Dilemma findet wie immer die Bild-Zeitung, die mit der Überschrift aufwartet: «Frank-Walter Steinmeier gibt keine Interviews und arbeitet 16 Stunden am Tag».

An der Organisation der Arbeitsabläufe im Kanzleramt ändert Steinmeier zunächst nicht sehr viel. Schließlich hat er schon zuvor im Inneren der Behörde den Administrationsstil vorgegeben. Doch ohne den Störfaktor Hombach läuft nun alles wesentlich reibungsloser. Der spröde Begriff vom «Behördenchef» kann ohnehin ein wenig in die Irre führen. Denn sehr viel Verwaltungsroutine stellt sich als Chef des Kanzleramtes nicht ein. Wenn Steinmeier frühmorgens in sein Büro kommt, dann weiß er selten, was der Tag für ihn bereithält. Er funktioniert, wie er selbst sagt, als «Frühwarnsystem» des Kanzlers: Durch ständige Kommunikation muss er ausloten, wie es um die Unterstützung für bestimmte Gesetzesvorhaben bestellt ist, an welchen Punkten noch Gesprächsbedarf besteht. Eigene programmatische Impulse hält er in der Tat nicht für notwendig. Ankündigungen hat diese Regierung, so empfindet er es, ausreichend produziert, und es existiert ein ziemlich detaillierter Koalitionsvertrag, von dem noch nicht sehr viel abgearbeitet wurde. Was bisher fehlt, sind konkrete

Ergebnisse. Die aber braucht die Regierung dringend, die in der Presse mittlerweile als ein Kabinett infantiler Hedonisten gilt, geführt von einem Spaß-Kanzler an der Spitze, der vor lauter Modenschauen und «Wetten, dass ...?»-Auftritten nur noch sporadisch zum Regieren kommt.

Als Steinmeier beginnt, die interne Koordination der Regierungsarbeit allein zu verantworten, hat er bereits neun Monate lang Anschauungsunterricht bekommen, wie man die Geschäfte auf keinen Fall führen darf: Die Regierung war insgesamt zu spontan, ihre Partei- und Kabinettsvertreter wirkten oft laut und undiszipliniert. Bereits im Februar 1999 hatte er, noch gemeinsam mit Hombach, ein Papier verfasst, das forderte, die Aktivitäten der Ministerien und Koalitionsfraktionen stärker an das Kanzleramt zu koppeln: Alle Kabinettsmitglieder müssten ihre Vorhaben vor ihrer öffentlichen Bekanntgabe dem Kanzleramt mitteilen. Wer ausschere, müsse vor dem gesamten «Kabinett sein Verhalten begründen». Solange jedoch Hombach Chef des Kanzleramtes war, blieben solche Appelle ziemlich wirkungslos – hielt er sich doch selbst nicht an die geforderte Disziplin. Insofern bot Hombachs Abschied nun die Chance für einen Neuanfang, die Steinmeier auch nutzt: Seit dem Herbst 1999 nimmt die Kakophonie langsam ab. Die Regierung hat nun tatsächlich ein Zentrum, in dem die Arbeit der Ministerien und der Fraktion zusammenläuft.

Doch das ist nicht alles, was Steinmeier verändert. Bald beginnt er, die Entscheidungsprozesse der Regierung neu zu organisieren. Denn so wichtig das reibungslose Ineinandergreifen von Kanzleramt, Ministerien und Fraktion auch sein mag: Diese traditionellen Formen der Politikgestaltung mit ihrem, wie er es nennt, «ritualisierten Weg» über Programmkommissionen, Parteitagsbeschlüsse und langwierige Gesetzgebungsverfahren hält er für nicht mehr ausreichend.

Den Realitäten des Regierungsalltages in komplexen Gemeinwesen werde ein solches Verfahren kaum noch gerecht. Zum einen sei Deutschland eben keine reine Parteiendemokratie. Stets tummelten sich noch viele andere Mitspieler auf der politischen Bühne, die allesamt mit faktischer Veto- und Blockademacht ausgestattet seien – die Gewerkschaften und Arbeitgeberverbände, das Bundesverfassungsgericht, eine unüberschaubare Zahl von Interessengruppen und Lobbyverbänden –, ganz zu schweigen von den zahlreichen Politikfeldern, auf denen von Brüssel aus auch die Europäische Union mitzureden hat. All diese Akteure gelte es in Zukunft sehr viel frühzeitiger in den politischen Entscheidungsprozess einzubinden, um Blockaden bereits im Vorhinein unwahrscheinlicher zu machen. Steinmeier glaubt, dass die Regierung stark auf die Mitwirkung von Gruppen und Institutionen außerhalb der eigentlichen politischen Arena angewiesen ist. In modernen, hochkomplexen Gesellschaften würden weder die Regierung noch das Parlament über das notwendige Wissen und die Kompetenz verfügen, um sachadäquate Entscheidungen treffen zu können. Kurzum: Die Aufgabe einer modernen Regierung sei es, diese Lernprozesse selbst zu organisieren, um die für eine Sachentscheidung relevanten Gruppen miteinander ins Gespräch zu bringen.

Diesen Überlegungen entspring, was in der folgenden Zeit zu einem Markenzeichen des Regierungsstils der ersten Legislaturperiode der rot-grünen Koalition wird: Gerhard Schröder bildet für beinahe jedes relevante Politikfeld eine eigene Kommission. Eine Kommission zur Reform des Einwanderungsrechts nimmt da seine Arbeit auf, dann eine für die Strukturreformen der Bundeswehr, ein nationaler Ethikrat und auch noch eine Kommission für die Nachhaltigkeit in der Finanzierung der sozialen Sicherungssysteme und vieles andere mehr. Nun haben Regierungen schon immer auf den Rat von Experten gebaut, sich externen Sachverstandes bedient. Doch die Anzahl solcher Kommissionen, die Tatsache, dass sie direkt unter Anleitung des Bundeskanzleramtes diskutieren und dass Schröder selbst kaum eine Gelegenheit auslässt, die Ergebnisse dieser Kommissionen zur Richtschnur seines politischen Handelns zu erklären – das ist doch neu und lässt die Journalisten bald von «Schröders Räterepublik» sprechen.

Nun hat Steinmeier sicher recht, wenn er meint, dass die politische Realität sehr viel mehr ausmache als das Zusammenspiel von Kabinett, Parlamentsmehrheit und Parteiorganisation, und dass diesen Realitäten Rechnung zu tragen sei. Sein neues Amt tritt er ohne Illusionen an; Steinmeier weiß, dass man in Berlin eine Menge Igel zu kämmen hat, um auch nur kleinste Handlungskorridore zu öffnen. Und er hat sich wohl tatsächlich und eben nicht nur rhetorisch intensiv mit der politikwissenschaftlichen Literatur der letzten zwanzig Jahre auseinandergesetzt, deren Grundton sich von der Planungseuphorie der 1960er Jahre endgültig verabschiedet hat und nun mit leicht resigniertem Unterton von der «Politikverflechtungsfalle» spricht, in der sich alle Akteure so lange gegenseitig blockieren, bis es schließlich zum politischen Stillstand kommt. Er besitzt sogar die grundlegende Einsicht in die Begrenztheit staatlichen Handelns, die schon von einer gewissen Demut zeugt. Schließlich, so der oberste politische Beamte der Republik, gebe es eine zunehmende Zahl autonomer gesellschaftlicher Teilsysteme, die nach ganz unterschiedlichen Logiken funktionierten und in denen staatliche Intervention nur schwer möglich sei. Steinmeier will im Übrigen das Bewusstsein dafür schärfen, dass sich die Politik zunehmend in zwei Welten spaltet, die bisweilen nichts miteinander zu tun haben: die eine Welt, von der die Medien berichten und in der die Politikdarstellung erfolgt, und eine andere, zweite Welt, in der Politik tatsächlich betrieben wird. In der ersten Welt würden alle Konflikte zugespitzt und personalisiert, es gebe nur triumphierende Gewinner und ultimative Verlierer – es ist die Welt, in der sich sein Dienstherr so trefflich medial zu inszenieren weiß. In der zweiten, der tatsächlichen Welt der Politik, sei alles ungleich komplexer und mühsamer, und am Ende stehe fast immer die Realität der Politik, der Kompromiss – das ist Steinmeiers Welt. Insofern will der Kanzleramtschef auch mehr Transparenz schaffen, indem er die Lücke zwischen der Darstellungs- und der faktischen Entscheidungsebene der Politik schließt. Denn nun kann jeder erfahren, welche Personen und welche hinter ihnen stehenden Interessen in den jeweiligen Kommissionen vertreten sind. So soll zurechenbar werden, wer zu welchem Zweck welche Entscheidungen getroffen hat.

Und doch deuten sich bei diesem grassierenden Kommissionswesen schon jene Grundprobleme an, die sich wie ein roter Faden durch die Ära Schröder ziehen sollten. Für Partei und Fraktion ist in diesem System der Konsensrunden – in denen ja zum Teil die großen Zukunftsfragen der Republik verhandelt wurden – eigentlich kein Platz vorgesehen. Angesichts des erhobenen Anspruchs auf Überparteilichkeit ist das durchaus folgerichtig. Doch zugleich deutet sich damit auch an, was Schröder und Steinmeier von der Fähigkeit der Sozialdemokratie, tragfähige Zukunftsentwürfe zu entwickeln, halten: herzlich wenig. Das Bundeskanzleramt sucht mit erstaunlichem Elan nach gesellschaftlichen Bündnispartnern, setzt auf den regen Austausch mit Experten und Interessenvertretern. Die Partei aber fühlt sich links liegen gelassen. Es wächst bereits jetzt jener Verdruss, der später zum offenen Bruch führen wird. Die SPD-Fraktion klagt, nur ungenügend in die Entscheidungsprozesse eingebunden zu sein, allzu häufig vor quasi vollendete Tatsachen gestellt zu werden und letztlich nur zum Abnicken solcher Entscheidungen gebraucht zu werden, die längst andernorts getroffen wurden. Zwar setzt der Parteivorsitzende Schröder gleichzeitig eine Programmkommission ein, lässt jedoch keinen Zweifel daran, dass die eigentliche Musik für ihn ganz woanders spielt. Damit entsteht eine Entfremdung, die sich später bitter rächt.

Im Übrigen ist das Kommissionswesen der Regierung Schröder in programmatischer Hinsicht auch eine ziemlich bequeme Angelegenheit. Schließlich braucht auf diese Weise nicht dargelegt zu werden, welchen Weg man eigentlich selbst einzuschlagen gedenkt. Ein Lieblingswort Steinmeiers, um seine Vorstellung von einer guten Regierungspolitik zu kennzeichnen, heißt «Komplexität» – wohl um dafür zu werben, dass man viele dicke Bretter zu bohren hat, daher niemand Wunderdinge von der neuen Regierung erwarten sollte. Das andere Lieblingswort, stetig wiederkehrend, lautet «Konsens». Doch setzt nicht auch der Konsens voraus, dass wenigstens die Regierung selbst den Weg mit einigen Leitplanken und Begrenzungspfählen vorgibt? Das Bundeskanzleramt unter Steinmeier organisiert den Diskussionsprozess – wohin die Regierung selbst will, darüber lässt sich auf manchen Politikfeldern letztlich nur spekulieren. Das gilt gerade auch für die Wirtschafts- und Sozialpolitik. Plant Schröder nun einen großen Befreiungsschlag, wie ihn die Wirtschaftseliten fordern, ein umfassendes Programm zur Deregulierung des Arbeitsmarktes? Oder ist doch ein irgendwie genuiner sozialdemokratischer Gegenentwurf zur neoliberalen Reform zu erwarten, deren Mantra zu dieser Zeit, genau um die Jahrtausendwende, den öffentlichen Diskurs bestimmt? Schröder selbst lässt sich dazu seit dem kontroversen «Schröder-Blair-Papier» nur noch Widersprüchliches entlocken. Und Steinmeier? Vielleicht ist diese Frage falsch gestellt, denn seine primäre Aufgabe besteht ja darin, den Willen des Kanzlers zu vollstrecken. Das Problem ist nur, dass dessen Wille im Unklaren bleibt.

Die programmatische Ortlosigkeit der Schröder'schen Politik, die mangelhafte Einbindung von Partei und Fraktion, das alles wird später noch einmal eine Rolle spielen. Für den Moment indes – und das ist für den Situationisten Schröder die entscheidende Zeitkategorie – bringt dieser Führungsstil durchaus Vorteile. Strittige Fragen werden aus dem parteiinternen Diskussionsprozess ausgeklammert, es wird überdies die Sehnsucht der Deutschen nach harmonischer Überparteilichkeit befriedigt. Man hat den Vorsitz einzelner Kommissionen sogar an honorige Persönlichkeiten aus dem Oppositionslager vergeben, wenngleich diese im politischen Tagesgeschäft keine besondere Rolle mehr spielen. Rita Süssmuth sitzt der Ethik-Kommission vor, Richard von Weizsäcker leitet die Kommission zur Strukturreform der Bundeswehr. Das macht es für die Union nicht gerade leichter, Sinn und Zusammensetzung der Gremien zu kritisieren.

Es ist überdies ein System, bei dem Steinmeier auch seine eigenen Stärken ausspielen kann, wie etwa beim Atomkonsens. Dort gelingt es ihm mit unendlicher Geduld, alle Beteiligten trotz großer Spannungen immer wieder an den Verhandlungstisch zurückzuholen. Wo freilich die strukturellen Voraussetzungen nicht stimmen, scheitert auch die Konsenssuche. So ist es beim Bündnis für Arbeit, das ebenfalls von Steinmeier koordiniert wird, und wo Gewerkschaften und Arbeitgeberverbände nicht zueinander finden, auch weil ihre jeweilige Basis ihnen jeden Verhandlungsspielraum nimmt. Diese Erfahrung wird noch wichtig sein. Denn unter anderem mit dem Scheitern dieses Bündnisses wird die Regierung Schröder später die Agenda begründen: Da man gemerkt habe, dass der Korporatismus des rheinischen Kapitalismus nicht mehr funktioniere, habe man eben einen anderen, weniger konsensualen und stärker auf die herkömmliche Gesetzgebung vertrauenden Reformweg einschlagen müssen.

So hat Steinmeier im Machtsystem Schröders wichtige Kompetenzen erlangen können, aber er besitzt auch die Fortüne, sein Amt zur rechten Zeit anzutreten. Denn schon bald gerät die größte Oppositionspartei in den Strudel eines Skandals, der sie auf absehbare Zeit zum Null-Faktor der deutschen Politik macht: Die CDU holt die Vergangenheit ihrer schwarzen Kassen ein. Das wird sie lähmen und sie ein großes Stück ihrer Glaubwürdigkeit kosten. Es kratzt auch am Nimbus des Einheitskanzlers Helmut Kohl, zu dem viele in der Union bis heute ein gebrochenes Verhältnis haben und der damit als integrative Figur ausfällt. Über Monate beschäftigt sich die CDU vorrangig mit sich selbst, tauscht ihren Vorsitzenden Wolfgang Schäuble aus und ist daher kaum in der Lage, die Regierung wirksam zu stellen. Im Juli 2000 gelingt es Schröder sogar, den Widerstand des unionsdominierten Bundesrates gegen die rot-grüne Steuerreform zu brechen.

Überhaupt ist die Zeit vom Herbst 1999 bis zum Beginn des Jahres 2001 die wohl glücklichste Periode der rot-grünen Bündnispolitik. Die wenigen Themen, bei denen man tatsächlich von einem genuin rot-grünen Projekt sprechen kann, werden in dieser Zeit im Wesentlichen umgesetzt, mindestens entscheidend vorbereitet: das neue Einwanderungsgesetz und der Atomkonsens. Gleichzeitig profitiert die Koalition von einem durchaus rasanten Wirtschaftsaufschwung durch den Boom der New Economy. Die Arbeitslosigkeit geht zurück und Hans Eichel, der neue Finanzminister und Nachfolger Oskar Lafontaines, profiliert sich als erfolgreicher Etat-Sanierer.

Es ist die Zeit, in der der Mythos vom nahezu unfehlbaren Kanzleramtschef Steinmeier entsteht. Im politischen Berlin wird es bald Common Sense, dass es dem öffentlich noch immer weithin unbekannten neuen Chef des Kanzleramtes zu verdanken ist, dass die Regierungsmaschine endlich rund läuft. Wahlweise tituliert man ihn als «Seine Effizienz», «Dr.

Makellos» und «Mr. Perfect». Für frühere Kanzleramtschefs haben sich die Korrespondenten kaum interessiert, doch über Schröders «Mach mal» erscheinen nun doch bisweilen größere Porträts in den Zeitungen und Nachrichtenmagazinen, auch wenn die meisten Deutschen ihn auf der Straße weiterhin nicht erkennen. Man habe sich um Steinmeiers Image zunächst nicht aktiv bemüht, erzählt Thomas Steg, der Redenschreiber und spätere Regierungssprecher Gerhard Schröders. Als das Bild des makellosen Alleskönners jedoch zirkulierte, da habe man sich gewiss nicht dagegen gewehrt und an seiner weiteren Akzentuierung gearbeitet.

Das Merkwürdige an alledem ist aber nicht nur, dass Steinmeier für eine Regierung steht, der auch nach dem Sommer 1999 durchaus einige handwerkliche Fehler unterlaufen, die aber fast nie dem Kanzleramtschef selbst zugerechnet werden. Vor allem weiß ja eigentlich niemand ganz genau, was Steinmeier wirklich tut. Er tritt kaum einmal öffentlich auf und unterliegt niemals der Versuchung, seine Verdienste nach außen zu kehren. Steinmeiers Arbeit findet eben in den Arkanräumen der Macht statt, abseits der Scheinwerfer der Öffentlichkeit. Und da er sich selbst zu seiner Rolle so gut wie nie äußert, haben es die Journalisten außerordentlich schwer, etwas über jenen Mann herauszufinden, mit dem sie paradoxerweise so untrennbar die Konsolidierung der Regierung verbinden. Steinmeier profitiert in den Berliner Jahren offenkundig auch davon, dass er auf all seinen Stationen niemals verbrannte Erde hinterlassen hat, die Zahl seiner Feinde stets gering hielt. Für die Berliner Journalisten zumindest ist es so gut wie unmöglich, jemanden zu finden, der sich negativ über Schröders rechte Hand äußert. Dabei ist es in Berlin zumeist kein Problem, jemanden zu finden, der sich abfällig äußert – auch über die eigenen Parteifreunde. Bei Steinmeier ist das anders. Immerzu erfährt man nur Wohlwollendes über ihn. Gelobt werden seine Fähigkeit zuzuhören und seine ruhige, auch in höchst spannenden Situationen besonnene Art. Dass er eben keineswegs der Typus des spröden Aktenfressers sei, ist zu lesen, sondern über einen herzhaften Humor verfüge und überhaupt selbst am frühen Morgen gute Laune versprühe. Nichts aber wird so ausdauernd hervorgehoben wie die Tatsache, dass dieser Mann stets bescheiden bleibe und sich nicht wichtiger nehme, als er sei. Steinmeier gibt in der ersten Phase der Kanzlerschaft Schröders kaum Interviews. Doch wenn sich irgendwo in Berlin wieder die politische Klasse und jene, die über sie schreiben, begegnen, dann ist er natürlich bisweilen dabei. Und häufig beobachten sie den Kanzleramtschef dabei in einer typischen Pose, wie sie Gunter Hofmann in der ZEIT im Jahre 2005 beschreibt: «Lässig an die Wand gelehnt, als gehöre er zum Inventar, schmunzelnd beim Versuch, sich auf alles einen Reim zu machen.»

Dass dieser Mann den Journalisten so offenkundig imponiert, hängt wohl auch damit zusammen, dass Steinmeier sich in einem Punkt markant vom übrigen politischen Personal unterscheidet: Menschen mit seiner Position ziehen ihre Befriedigung eben aus dem Erlebnis wirklicher Macht, aus dem Auskosten der Entscheidungs- und Gestaltungsräume, die sie verleihen kann. Die Insignien, die äußerlichen Zeichen der Macht hingegen – öffentliche Bedeutung, Resonanz, Prominenz, Machtzeremonien – sind ihnen eher lästig, weil sie kostbare Zeit kosten, oder auch unangenehm, weil sie der öffentliche Auftritt sogar ein wenig ängstigt und sie sich in der zweiten Reihe wohler fühlen. Ihnen fehlt der Narzissmus, über den Politiker in der ersten Reihe wohl notwendigerweise verfügen müssen. Eben das macht sie so wertvoll für die Politik: Weil sie nicht darauf angewiesen sind, dass ihre Erfolge öffentlich werden, tun sie alles, um ihren Verhandlungspartner das Gesicht wahren zu lassen. Frank-Walter Steinmeier hat seine Triumphe öffentlich nie ausgekostet.

Deswegen wäre es also ganz falsch, in seiner Zurückhaltung ein geringeres Machtbewusstsein zu erkennen. Steinmeier weiß, dass er als Leiter des Bundeskanzleramtes ein sehr mächtiger Mann ist. Diejenigen, die ihn gut kennen, ihm auch durchaus wohlgesonnen sind, glauben, dass er schon damals durchaus in dem Bewusstsein einer gewissen Unersetzlichkeit lebte. Bisweilen habe er gar ein wenig zu wonnevoll und kokett über die nächtelangen Akten-Marathons gestöhnt, die er wieder einmal hinter sich gebracht hatte, und dann sichtlich die schulterklopfende Anerkennung seiner Mitstreiter genossen, vor allem die des Kanzlers. Das ist Steinmeiers Prämie, für die er 16-Stunden-Tage auf sich nimmt. Er und Schröder, sagt Steinmeier heute, hätten sich eben auch deswegen so gut ergänzt, weil sie «ganz verschiedene Eitelkeiten» gepflegt hätten. Was er damit meint, ist wohl, dass die des Kanzlers befriedigt war, wenn die Öffentlichkeit glaubte, Schröder hätte in einem Konflikt die Oberhand behalten. Steinmeiers Eitelkeit schmeichelte es, wenn er in einer verfahrenen Situation einen Kompromiss schmieden konnte, von dem eine Hand voll Beteiligter wussten, dass er ohne ihn nicht zustande gekommen wäre.

Eigentlich ist es unwahrscheinlich, dass jemand in einer solchen Position keine Feinde hat. Man muss allerdings schon lange suchen, bis man jemanden findet, der mit Steinmeier in Berlin über Kreuz liegt. Einer, der seine Abneigung nie verhehlt hat, ist Wolfgang Nowak. Er war von 1999 bis 2002 Leiter der Planungsabteilung im Bundeskanzleramt, bis Steinmeier seine Abteilung auflöste. Steinmeier teilte Nowak die Entlassung in einem persönlichen Vieraugengespräch mit, mit «genüsslicher Freude», wie Nowak heute sagt.

Wie ein verbitterter Mann wirkt Nowak allerdings nicht. So, wie er in seinem feinen Büro der Alfred-Herrhausen-Gesellschaft der Deutschen Bank in der Straße Unter den Linden sitzt und ein Käsebrötchen isst, wirkt er eigentlich sehr vergnügt, mit sich und der Welt zufrieden. Für Bitterkeit sieht er selbst keinen Anlass; schließlich erklärt er freimütig, mehr zu verdienen als der deutsche Bundeskanzler. Neben seinem Schreibtisch hängt Andy Warhols John-Wayne-Porträt. Eine Mitarbeiterin hat es ihm geschenkt und gemeint, es passe gut zu ihm.

Rundlich und gemütlich wirkt Nowak und erzählt zunächst, dass Steinmeier menschlich vermutlich ein feiner Kerl sei, der bei halb-privaten Anlässen wie Geburtstagsfeiern bescheiden und freundlich wirke, niemals den Kanzleramtschef hervorkehre und nicht beanspruche, im Mittelpunkt zu stehen. Einmal organisierte Nowak gemeinsam mit der Kanzlergattin eine Filmvorführung, «Der kleine Eisbär» wurde gezeigt. Als Steinmeier davon erfuhr, fragte er höflich an, ob er in Begleitung seiner Tochter mitkommen könne: Er kenne das Buch schließlich auswendig, habe Merrit oft daraus vorgelesen.

Doch wenn man Nowak zum «Amtsmenschen» Steinmeier befragt, überschlägt sich seine Stimme und er verschluckt reihenweise die Silben, manchmal auch ganze Worte. «Stasi-Methoden», so Nowak, hätten im Bundeskanzleramt geherrscht. Steinmeier habe auf allen Ebenen ein raffiniertes Spitzelsystem installiert, mit Zuträgern, die leider auch in seiner eigenen Abteilung saßen und die vom Behördenchef mit Geheimaufträgen versehen worden seien. Vertrauen habe er nur zu von ihm Abhängigen entwickeln können; er, Nowak, sei jedoch höchst unabhängig gewesen, deswegen habe Steinmeier ihm eben zutiefst misstraut. Unsicher sei Steinmeier und habe deswegen auf Machtzeremonielle den größten Wert gelegt: Um sein Büro zu erreichen, habe man unzählige Vorzimmer durchqueren müssen. Seinen persönlichen Zugang zu Schröder habe er eifersüchtig bewacht und jedem misstraut, der sich an ihm vorbei direkt zum Bundeskanzler begeben habe, wenngleich selbst Nowak zugibt, dass das wohl Teil der Funktion eines Staatssekretärs ist. Wer ihm länger zuhört, gewinnt den Eindruck, dass das Kanzleramt von einem pedantischen Kontrollfreak geleitet worden sei.

Ist es nicht merkwürdig, dass von solcherlei Eigenschaften sonst so wenig zu hören ist? Der Fall sei doch ganz klar, antwortet Nowak dann: Es hätten eben alle Angst vor Steinmeier. Vielleicht werde der Mann ja doch eines Tages Bundeskanzler, da würden sich die Journalisten kaum Mühe geben, Negatives zu berichten.

Das alles wirkt sehr überzeichnet und klingt nicht immer plausibel. Aber eines fällt doch auf. Alle Mitarbeiter im Kanzleramt, die mit Steinmeier aneinandergerieten, sind von einem ähnlichen Schlage: Sie haben einen relativ ungefilterten Zugang zum Kanzler oder nehmen dies zumindest für sich in Anspruch, sind ein wenig komplizierte Charaktere, jedoch durchweg kreative Menschen, die nicht immer nach den Regeln spielen. Steinmeier aber liebt die Regeln. Und wo es um diese Regeln geht, da konnte er als Chef des Kanzleramtes ungemütlich werden und ein sehr offenkundiges Machtbewusstsein an den Tag legen. Das Vorrecht auf seinen unmittelbaren Zugang zu Gerhard Schröder, so heißt es, habe er verbissen verteidigt. Und da war nicht nur Wolfgang Nowak, der sich noch heute der Tatsache rühmt, jederzeit freien Zugang zum Kanzler gehabt zu haben. Zum Ärger Steinmeiers konnte auch Michael Steiner, der Leiter der Abteilung für Sicherheitspolitik und wie Hombach eher ein etwas kapriziöser Charakter, immer direkt zum Kanzler vordringen.

Nun ist es natürlich die Aufgabe eines Kanzleramtschefs, zu entscheiden, mit welchen Fragen und Problemen sein Vorgesetzter konfrontiert wird. Doch es mag schon sein, dass Steinmeier dieses Prinzip seit 1999 sehr strikt auslegte und es mit seiner Fürsorglichkeit bei der Abschirmung seines

Kanzlers ein wenig übertrieb. Steinmeier glaubte wohl, seinen Kanzler, der doch als illusionsloser Pragmatiker gilt, von den vermeintlichen Tagträumern im Kanzleramt fernhalten, ihm deren Flausen austreiben zu müssen.

So ist der Kanzler ganz begeistert von der Allianz progressiver Regierungschefs mit dem Briten Tony Blair und dem Amerikaner Bill Clinton an ihrer Spitze. Blair und Clinton – das sind Schröders Orientierungsmarken, charmante Sonnyboys, mit denen er wesentlich mehr anzufangen weiß als mit dem etwas steifen und aristokratischen Jacques Chirac; erst später wird Schröder erkennen, dass die Bundesrepublik mit Frankreich abseits seiner persönlichen Neigungen außenpolitisch doch mehr verbindet als mit Amerikas treuestem Bündnispartner Großbritannien.

Steinmeier aber hält diese Allianz von Anfang an für eine Chimäre und das Schröder-Blair-Papier deswegen für einen wirkungslosen Bluff. Der Staatsrechtler sieht schließlich sehr genau, wie unterschiedlich die institutionellen Voraussetzungen auf beiden Seiten sind: hier ein britischer Premierminister, der im Grunde lediglich die eigene Parlamentsmehrheit von seinem Vorhaben zu überzeugen hat – dort der deutsche Bundeskanzler, der sich in einer komplexen Verhandlungsdemokratie bewegt und damit in der Regel ungleich schwierigere Bedingungen vorfindet, es mit allerlei Mit- und Vetospielern zu tun bekommt. Unter diesen Voraussetzungen immerzu den großen Wurf zu fordern, das erscheint Steinmeier daher ein wenig weltfremd.

Mit der Koordinierung der «progressiven Allianz» beschäftigt ist auf Berliner Seite eben jene Planungsabteilung unter der Leitung Wolfgang Nowaks. Dass Steinmeier diese nach 2002 auflöste, war insofern folgerichtig. Schon ein Jahr zuvor, im Jahre 2001, wurde auch Schröders «Sonderberater» Michael Steiner nach einer verbalen Entgleisung gegen Angehörige der Bundeswehr aus dem Kanzleramt entfernt. Freiwillig geht Klaus Gretschmann, der Chef-Ökonom Schröders, der sich ebenfalls das Recht herausnimmt, direkt und ohne Billigung des Amtschefs mit dem Kanzler zu sprechen. Nach und nach entfernt Steinmeier alle Störfaktoren aus dem Kanzleramt und baut seine Machtposition damit weiter aus.

Freilich ändert auch dies nichts an den langfristigen Problemen der rot-grünen Koalition. Denn auch eine effiziente Administration kann nicht verbergen, woran es dieser Regierung wirklich mangelt: Sie weiß mit der Macht, die der Wähler ihr 1998 verliehen hat, schon nach kurzer Zeit nichts Rechtes mehr anzufangen. Sie hat keine Botschaft, kein Projekt, keine Erzählung. Der Sozialismus ist es nicht mehr, der am Ende des Weges stehen soll, nur: Was ist es dann? Noch vor dreißig Jahren hätte jeder SPD- Funktionär nachts im Halbschlaf die drei Kernforderungen der deutschen Sozialdemokratie nennen können: Abrüstung, soziale Umverteilung, Mitbestimmung. Jetzt wussten viele Sozialdemokraten auch am helllichten Tage nicht, wofür ihre Partei eigentlich stand.

Vom rot-grünen Projekt spricht jedenfalls niemand mehr. Was davon nach 16 Jahren gemeinsamer Opposition noch nicht verwirklicht ist, setzt die Koalition nach zwei Jahren um: das neue Einwanderungsgesetz und den Atomkonsens. Eine andere Zielperspektive gibt es nicht und man kann auch kaum behaupten, dass Schröder sich sonderlich darum bemüht hätte, dem abzuhelfen. Im Grunde war er wohl ganz zufrieden mit dem Zustand seiner stillgelegten Kanzlerpartei, der ihm das Regieren erst einmal erleichterte. Und Steinmeier? Auf der einen Seite zählte die Entwicklung langfristiger Perspektiven nicht zu seiner primären Aufgabe als Kanzleramtschef. Er musste ja die Brandherde der Tagespolitik austreten. Heute allerdings ist er auf das Strengste darum bemüht, sich schon für die damalige Zeit eine genuin politische Rolle zuzuschreiben – und nicht bloß als bürokratisches Vollzugsinstrument der Schröder'schen Politik zu erscheinen. Insofern aber muss man ihm die Stärken wie die Schwächen dieser Kanzlerschaft ebenfalls voll anrechnen.

Bezeichnenderweise ist es kein politisches Projekt, das der rot-grünen Koalition 2002 eine weitere Legislaturperiode bescherte, sondern die Kombination von glücklichen Umständen mit dem noch immer tadellos funktionierenden Instinkt Gerhard Schröders. Fast uneinholbar liegt die Regierungskoalition zurück, als dem Kanzler zunächst George W. Bush und dann die Jahrhundertflut zu Hilfe kommen. Erst als er in den letzten Wochen der Wahlentscheidung auf den Marktplätzen der Republik vor dem Irak-Abenteuer der USA warnt und dann schließlich wesentlich präsenter und entschlossener in den Katastrophenregionen zwischen Elbe und Oder agiert als sein Herausforderer Edmund Stoiber, wende sich das Blatt und Rot-Grün erhält eine denkbar knappe Mehrheit.

Ein eindeutiger politischer Auftrag ergibt sich aus dem neuen Mandat freilich nicht, und so werden auch die neuen Koalitionsverhandlungen zu einer ziemlich ziellosen und – wie die damals Beteiligten heute offen einräumen – auch lustlosen Angelegenheit. Steinmeier hat noch angeregt, sich etwas mehr Zeit zu lassen, nach dem anstrengenden Wahlkampf erst einmal zu verschnaufen und die Fachbeamten in den Ministerien mit den Vorarbeiten zu betrauen. Doch dieses Mal konnte er sich nicht durchsetzen.

Dominiert werden die Gespräche von Finanzminister Hans Eichel, der eine umfangreiche Sparliste erstellt hat, in der sich manches findet, das reichlich skurril klingt, etwa die Ankündigung, den regulären Mehrwertsteuersatz auf Hunde- und Katzenfutter zu erheben und die Umsatzsteuerermäßigung auf Schnittblumen zu streichen. Doch während um solche und andere Details mit einiger Emphase gerungen wird, finden sich im Koalitionsvertrag keine Hinweise auf die grundsätzliche Richtung, die die Regierung einzuschlagen gedenkt. Wer das Papier liest, kann jedenfalls nicht ahnen, dass die Bundesrepublik kurz vor einer der größten Sozialreformen ihrer Geschichte steht.

Doch diese Reform kommt, und Steinmeier gilt heute als einer ihrer Architekten. Und was immer die Schöpfer der Agenda 2010 heute sagen mögen: Dieses Maßnahmenpaket war nicht primär das Ergebnis politischer Prinzipien – dann hätte man es auch früher umsetzen können. Es entstand unter dem Eindruck objektiver oder auch vielleicht nur vermeintlicher Notwendigkeiten. Nachdem man sich von den Strapazen des Wahlkampfes erholt hat, reißen nämlich die schlechten Nachrichten nicht mehr ab, eine Schockwelle nach der anderen schwappt in das Kanzleramt. Die Wirtschaft wächst noch weitaus langsamer als gedacht, die Arbeitslosigkeit steigt und das Haushaltsdefizit nimmt fantastische Ausmaße an, Eichels Sparliste zum Trotz. Es sind diese deprimierenden Nachrichten, die Schröder und seine Mannschaft aus ihrer Sicht zum Handeln zwingen. Doch wo anfangen? Aus dem gescheiterten Bündnis für Arbeit hat man den Schluss gezogen, dass der Konsens-Weg in der Wirtschafts- und Sozialpolitik nicht allzu weit führt. Keiner hat das so hautnah erlebt wie der Kanzleramtschef.

Es ist daher Frank-Walter Steinmeier, der irgendwann im November 2002 dem Leiter seines Planungsstabes Heiko Geue aufträgt, ein Papier zu verfassen. Es soll die ökonomische Malaise schonungslos analysieren und sogleich Instrumente zu ihrer Bewältigung nennen. Wie so oft, wenn in der Politik entscheidende Weichenstellungen passieren, ist der handelnde Kreis am Anfang überschaubar. Konzipiert wird das Papier vor allem von Geue, Steinmeier selbst und seinem Büroleiter Stephan Steinlein. Steinmeier hat die frühere Planungsabteilung direkt dem operativen Geschäft des Kanzleramtes unterstellt, so dass auch von dort einige Anregungen kommen. Während die Vorbereitungen im Kanzleramt laufen, empfängt Steinmeier die Staatssekretäre der Fachministerien, um sich über die dortigen Reformvorhaben zu informieren. Aus dem Kabinett werden zunächst nur der neue Wirtschaftsminister Wolfgang Clement und Vizekanzler Joschka Fischer über die laufenden Arbeiten unterrichtet.

Nach seiner Fertigstellung spielt das Kanzleramt das Papier Journalisten des «Tagesspiegels» zu, der am 20. Dezember einen Artikel über das «Kanzleramtspapier» veröffentlicht. Die Nachricht löst erst einmal überraschend wenig Unruhe aus. Das Papier liest sich tatsächlich wie ein Potpourri der Forderungen, die bereits zum festen Inventar der Reformstau-Debatte gehören und daher Sonntag für Sonntag im Ersatzparlament der Sabine Christiansen von Wirtschaftsführern und Ökonomieprofessoren vorgetragen werden: Senkung der Abgabenlast, Flexibilisierung der Arbeitsmärkte, Bürokratieabbau, und das alles mit einiger Rigidität formuliert. Entscheidend aber ist: Dieses Mal hört man diesen wohlbekannten Dreiklang aus dem Umfeld des sozialdemokratischen Kanzlers. Das hat es seit den Zeiten Bodo Hombachs nicht gegeben.

Das Kanzleramtspapier ist die Basis der berühmt gewordenen «Agenda-Rede», die Schröder schließlich am 14. März 2003 im Bundestag hält. Man mag darüber diskutieren, ob die Agenda 2010 das Land fundamental verändert hat. Dass sie die deutsche Sozialdemokratie auf eine Weise veränderte, die bis heute nachwirkt, ist nicht zu bestreiten. Die Agenda wirkt wie eine Wasserscheide: Seit jenem Tag teilt sich die SPD letztlich in ihre Gegner und Befürworter auf.

Viele glauben, dass das Schlimmste zu vermeiden gewesen wäre, wenn man mehr Mühe darauf verwendet hätte, Sinn, Ziel und Zweck der Agenda von Anfang an besser zu begründen. In der Tat hat Schröder am 14. März darauf verzichtet, eine Erzählung zu den einzelnen Maßnahmen zu entwickeln, stattdessen einen Maßnahmenkatalog in Spiegelstrich-Sprache vorgestellt. Die damals Beteiligten urteilen heute unterschiedlich. Manche meinen, der Widerstand gegen die Reformen der Agenda sei ohnehin unvermeidlich gewesen und auch die schlüssigste, ausgefeilteste Sinngebung der Agenda hätte zum gleichen Ergebnis geführt. Andere bedauern, dass man die Chance der Vermittlung damals vertan habe.

Dass es mittlerweile Frank-Walter Steinmeier ist, an dem die Zukunft der SPD hängt, haben hingegen alle aus Schröders damaliger Mannschaft verinnerlicht. Der habe sich, so nehmen sie ihn in Schutz, immer wieder über die geistige und philosophische Fundamentierung der Agenda Gedanken gemacht, gerade auch im Vorfeld der Bundestagsrede Schröders. Die ersten Fassungen der Kanzler-Rede hätten solche Elemente auch enthalten. Schröder aber habe all das, um es mit einem des Kanzlers liebsten Worte zu sagen, für überflüssiges «Gedöns» gehalten. Die Leute, so dachte er, erwarteten von ihm konkrete Maßnahmen, keine Sonntagsreden.

Nun hätte man ja all diese Begründungen nachliefern können, und die Urheber der Agenda nehmen genau das für sich in Anspruch: Sie verweisen auf eine Reihe von Regionalkonferenzen, in denen Schröder und Franz Müntefering ihre Politik mutig und vehement verteidigten. Sie haben dabei durchaus eindringlich die Notwendigkeit ihrer Politik geschildert – doch in dieser Begründung der Notwendigkeit erschöpfte sich ihr Versuch. Es gab keine Vorstellung davon, wie dieses Land in zehn, zwanzig oder dreißig Jahren einmal aussehen sollte. Die SPD-Funktionäre hatten nach den Konferenzen noch immer keine Ahnung davon, ob am Ende der Müheseligkeiten etwas stehen könnte, das den im internationalen Vergleich sozialpolitisch ja in der Tat recht verwöhnten

Deutschen deutlich machen würde, wozu die Entbehrungen ihren Sinn hatten. So aber funktionieren Erzählungen in der Politik nun einmal: Man besinnt sich auf eine stolze Tradition, beklagt das Jammertal der Gegenwart, stellt dann aber am Ende des steinigen Weges die Vision einer besseren Gesellschaft in Aussicht. Doch die Agenda 2010 war kein von der Regierung initiierter Aufbruch. Als man glaubte, handeln zu müssen, bediente man sich einfach all jener Instrumente, die schon lange auf dem Tisch lagen – doch diese Instrumente kamen nicht aus dem eigenen Arsenal. Es gab keinen ernsthaften Versuch, das eigene Handeln an sozialdemokratische Traditionen anzukoppeln, obgleich man in der 150-jährigen Geschichte der deutschen Arbeiterbewegung manches hätte finden können. Da waren etwa die «Freiheitlichen Sozialisten» in der Weimarer Republik, die sich damals noch nicht gegen das alte Partei-Establishment durchsetzen konnten, deren Schüler aber über den Umweg von Bad Godesberg in der Bundesrepublik am Ende reüssierten. Eigeninitiative, mehr Wettbewerb und Konkurrenz – das waren für sie keine ketzerischen Begriffe, vielmehr notweniger Bestandteil einer sozialistischen Zukunftsgesellschaft, in der nur das ehrlich Erarbeitete, nicht aber das Vererbte zählen sollte. Für sie war dies überhaupt das Entscheidende am Sozialismus: ein entprivilegiertes Aufstiegssystem, das den Aufstieg und Abstieg innerhalb einer Gesellschaft jederzeit möglich macht, damit stets die «hellen Köpfe» nach oben gelangen. Schröder aber fragte sich vermutlich nie, was Eduard Bernstein, Eduard Heimann, Heinrich Deist oder Karl Schiller an seiner statt tun würden.

Nun rächt sich, dass man sich nicht hinreichend Mühe gegeben hat, einen Diskussions- und Veränderungsprozess innerhalb der Partei zu organisieren, sich auch nicht um eine Revision des völlig veralteten «Berliner Programms» bemüht hat. So aber steht die Agenda gegen fast alles, was die SPD über Jahre erzählt und aufgeschrieben hat – und noch im Wahlkampf 2002 hat Schröder das Wenigste davon auch nur mit einem Sterbenswörtchen verraten.

So trägt es einen also unweigerlich abermals fort – von Steinmeier zu Schröder. Es ist der Kanzler, der am Ende die Agenda verantworten und öffentlich vermitteln muss, sich wegen ihr auf Parteitagen dem Unmut der Delegierten aussetzt. Steinmeiers Rolle, so bedeutend sie auch bei alledem gewesen sein mag, verliert sich hingegen wieder irgendwo auf den langen, stillen Fluren des Kanzleramtes, wird diffus zwischen unzähligen Telefonaten, die er mit den Beteiligten zu führen hat. Welche der Ideen direkt von ihm stammen, lässt sich kaum messen, und vielleicht ist das Zusammenspiel für solcherlei Fragen auch zu prozesshaft. Einer seiner engsten Mitarbeiter sagt heute, Steinmeier sei die eigentliche treibende Kraft gewesen, er habe Schröder regelrecht in diese Richtung geschoben, und Schröder selbst hätte kaum den Elan aufgebracht, die Agenda zu konzipieren und umzusetzen.

Auf jeden Fall fällt es Steinmeier zu, die Umsetzung mit all ihren Details zu koordinieren. Das gilt neben der Arbeit zwischen den Ministerien vor allem für den Vermittlungsausschuss im Bundesrat, wo die Union mittlerweile eine satte Mehrheit besitzt. Es ist vielleicht Steinmeiers größte Bewährungsprobe und zugleich seine größte Zeit im Kanzleramt. Sein Einfluss wächst seit 2003 noch einmal beständig. Schröder muss nun nicht «Mach mal» sagen – Steinmeier macht einfach. Der Kanzler hat an ihm schon immer geschätzt, dass er ihm nach Erledigung der Kärrnerarbeit am Ende in der Regel zwei fertige Entscheidungsalternativen vorlegt, zwischen denen er dann wählen kann. Seit der Agenda aber weitet sich sein Handlungsspielraum noch aus, nun ist er zuweilen der eigentliche Entscheider im Kanzleramt. Und Steinmeier ist auch nicht mehr nur der stille Administrator, sondern mischt sich spätestens seit der Agenda auch stärker in die Konzeption der Schröder'schen Politik ein. Denn dem Kanzler geht auf dem mühsamen Weg der Agenda-Durchsetzung die Lust am Regieren verloren. Er ist der Einsprüche und Widerstände aus Partei und Fraktion müde, der ständigen Nörgeleien und Klagen, die er einfach nicht mehr ertragen mag, ist es schlicht leid, die von ihm als richtig erkannte Politik der Öffentlichkeit und der eigenen Partei immer wieder erklären zu müssen. Und er ist dünnhäutiger geworden. Früher hat er bei aller Raubeinigkeit seine Gegner in der Fraktion meist noch mit Charme auflaufen lassen; jetzt aber neigt er zu einer Schroffheit, die dauerhaft verletzend wirkt. Ganz anders Steinmeier, der unter der Last der ihm übertragenen Aufgaben seinen Gleichmut selten verliert und regelrecht aufzublühen scheint.

Historisch betrachtet war er gewiss einer der mächtigsten Kanzleramtschefs in der Geschichte der Behörde. Zwar waren auch manche seiner Vorgänger mit weitgehender Prokura des Kanzlers ausgestattet worden. Doch meist ging das schief, wie etwa bei Ludger Westrick, dem Kanzleramtschef Ludwig Erhards. Wenn Westrick Besucher im Kanzleramt empfing, dann, so hieß es damals in Bonn, begrüßte er sie mit den Worten: «Ist es wichtig, oder wollen Sie den Kanzler alleine sprechen?» Westrick inszenierte sich als der eigentliche Entscheider, was unvermeidlich an der Reputation Erhards als Kanzler nagte, der so als willfähriges Werkzeug seines Kanzleramtschefs erschien. Westricks Fall ist ein Paradebeispiel dafür, warum der Leiter des Bundeskanzleramtes auf keinen Fall versucht sein darf, seine Bedeutung nach außen zu tragen. Und weil Erhards Kanzlerschaft eine ziemliche Katastrophe war, er in den Mächte- und Ränkespielen der Bonner Politik oft den Kürzeren zog, besaß auch Westrick in Wahrheit natürlich keine wirkliche Macht, sosehr er sich auch als Marionettenspieler im Palais Schaumburg inszenierte.

Auch jene, die viel eher dem Idealprofil des Kanzleramtschefs entsprachen, reichten wohl nicht an die Bedeutung heran, die Steinmeier für Schröder besaß. Manfred Schüler etwa, der Kanzleramtschef Helmut Schmidts, war in seinen Talenten Steinmeier gewiss ebenbürtig. Doch er diente eben einem Kanzler, der ganz anders veranlagt war als Gerhard Schröder: Schmidt war selbst ein akribischer Aktenleser, kannte sich mit den Detailproblemen der verschiedenen Ressorts grundlegend aus. Kurzum: Bei allen ja ganz unbestreitbaren Verdiensten Schülers war sein Kanzler nie von ihm in gleichem Maße abhängig. Was aber hätte Schröder wohl getan, wenn Steinmeier, etwa in den Jahren 2003 oder 2004, einfach hingeschmissen hätte? Bis sich ein auch nur ähnlich talentierter Administrator in der gleichen Tiefe wie Steinmeier in die Thematik eingearbeitet hätte, wäre Schröder wohl sehr hilflos gewesen, denn die Details der Politik haben ihn während seiner Amtszeit nie sonderlich gekümmert.

So bleibt nur Hans Globke, der erste Amtschef der Behörde, der Steinmeier an Einfluss vielleicht noch übertraf. Auch er diente einem Kanzler, der nächtelanges Aktenstudium genoss. Aber Globkes Rolle war doch deswegen unvergleichlich, weil er die Chance der Stunde null hatte. So konnte er alle Ministerien mit seinen Vertrauten besetzen, was ihm Adenauers gesamte Amtszeit über einen uneinholbaren Informationsvorsprung verschaffte. Wenn Wolfgang Nowak Steinmeiers Administrationsstil als «Spitzelsystem» empfand, wie würde er dann erst das «System Globke» bezeichnen? Im Bonn der 1950er Jahre hustete in den Ministerien wie im Kanzleramt keine Maus mehr, ohne dass Globke nicht davon erfuhr.

Auch konnte Steinmeier, anders als Globke, nicht mehr auf die uneingeschränkte Amtsautorität des Bundeskanzlers bau en. Natürlich führte auch Globke unzählige Gespräche, warb um Unterstützung, schmiedete manche Kompromisse. Bisweilen aber reichte es schon, wenn er als die Stimme seines Herrn Adenauers Anordnungen nach unten durchdekretierte. Das war in den Jahren 1998 bis 2005 natürlich ganz anders, mit einem sehr viel selbstbewussteren Koalitionspartner, störrischen Abgeordneten, die immerzu Diskussionsbedarf anmeldeten, und manch eitler Primadonna unter den Ministern.

Angesichts der gewandelten Rahmenbedingungen war wohl auch ein anderer Typus Mensch im Bundeskanzleramt gefragt. Steinmeier besaß zwar ebenfalls die Aura hintergründiger Allwissenheit, hat die Pose des stillen Entscheiders in seinen wenigen öffentlichen Auftritten auch durchaus kultiviert. Doch was er anders als manche seiner Vorgänger nicht verkörperte, war die für «Graue Eminenzen» ebenso typische Aura der Furcht. Globke hatte, nicht nur wegen seiner Verstrickungen in den Nationalsozialismus, immer auch etwas Dunkles, Bedrohliches an sich gehabt, und viele andere der erfolgreichen Kanzleramtschefs, wie etwa Wolfgang Schäuble, hatten genau dieses Gefühl ausgekostet. Mit Steinmeier aber regierte kein «Fürst der Finsternis» im Kanzleramt. Gefürchtet wurde Schröder, immer mehr auch Franz Müntefering, der seinen Abgeordneten in der Endphase der rot-grünen Koalition die Daumenschrauben zunehmend fester anlegte und bei Zuwiderhandlung gegen seinen Willen mit dem Verlust des Listenplatzes für die nächste Bundestagswahl drohte. Steinmeier blieb stets geduldig, gab sich auch dort noch Mühe, wo sein Herr und Meister die Gelassenheit längst verloren hatte. Das machte ihn zu einer dominanten Figur im Herbst der Ära Schröder. Es war aber auch ein wenig ein Alarmsignal: Denn dort, wo die Meister des informellen Regierens zu stark den politischen Prozess bestimmen, da liegt oft etwas im Argen.

Fast immer deutet es darauf hin, dass sich beim Kanzler und seiner Entourage eine Bunkermentalität entwickelt hat, er den eigenen Kontakt zur Außenwelt nicht mehr in ausreichendem Maße hält.

In der Tat geht die Ära Schröder bald zu Ende. Als ihm sein Fraktionschef Franz Müntefering im Mai 2005 eröffnet, dass er bei der zu erwartenden Niederlage in Nordrhein-Westfalen den Rückhalt der Fraktion nicht länger garantieren könne, beginnt die Kanzlerdämmerung. Die Wahlen im bevölkerungsreichsten Bundesland gehen tatsächlich verloren, und zwar mit einem katastrophalen Ergebnis. Schröder tritt die Flucht nach vorn an, will wenigstens dieses eine Mal noch das Heft des Handelns in der Hand behalten. Am 22. Mai 2005, eine halbe Stunde nach Schließung der Wahllokale, tritt sein Fraktionsvorsitzender Franz Müntefering vor die Presse und erklärt, dass er sich zusammen mit Gerhard Schröder für Neuwahlen entschieden habe und dieses morgen dem SPD-Präsidium vorschlagen werde.

Es ist letztlich diese Entscheidung, die Frank-Walter Steinmeier von den Hinterzimmern in die erste Reihe der deutschen Politik katapultiert, und es ist von einiger Ironie, dass er den Entschluss Schröders zunächst für einen schweren Fehler hält. Steinmeier sieht nämlich vor allem, auf was für ein Vabanquespiel sich der Kanzler da einlässt – und Vabanquespiele sind seine Sache nicht. Denn wer kann schon sagen, ob Schröders Plan für Neuwahlen überhaupt aufgeht? Für Steinmeier hat die Gleichung zu viele Variablen, die allesamt unberechenbar sind. Denn Schröder will die Neuwahlen erzwingen, indem er im Bundestag die Vertrauensfrage stellt und darauf setzt, das Vertrauen nicht zu erhalten. In diesem Fall müssten sodann der Bundestag aufgelöst und vom Bundespräsidenten Neuwahlen ausgerufen werden. In Steinmeiers Augen ist man nun von viel zu vielen Menschen und Institutionen abhängig: vom

Bundespräsidenten, der die Neuwahlen ausrufen soll, und vom Bundesverfassungsgericht, das die ganze Angelegenheit ja für unrechtmäßig erklären konnte – ganz zu schweigen von den Parlamentariern der SPD, von denen einige gewiss um ihren Platz im Bundestag fürchteten und daher vielleicht geneigt sein mochten, dem Kanzler, paradox genug, das Misstrauen *nicht* auszusprechen. Und dann ist da der lange Zeitraum vom Misstrauensvotum bis zum Wahltag. Steinmeier hat deshalb vor dem 22. Mai 2005 versucht, Schröder von seinem Vorhaben abzubringen. Wie energisch das Gespräch verlief, verraten beide Beteiligte auch heute nicht so recht. Am Ende aber zählt natürlich das Wort des Kanzlers. Auch Steinmeiers Argument, dass sich doch offenkundig bereits ein Umschwung der wirtschaftlichen Entwicklung abzeichne, den man vor der Wahl 2006 ursächlich mit den Reformen der Agenda verbinden könnte, finden beim Kanzler kein Gehör mehr. Als Schröders Entscheidung feststeht, verhält sich Steinmeier freilich loyal wie immer und sucht persönlich den Verfassungsrechtler und ehemaligen Richter des Bundesverfassungsgerichtes, Ernst Gottfried Mahrenholz, auf, um mit ihm die Möglichkeiten einer Neuwahl zu besprechen. Mahrenholz hält das von Schröder anvisierte Verfahren für durchführbar.

Die Vertrauensfrage geht aus wie geplant – die Mehrheit der Abgeordneten spricht Schröder das Misstrauen aus, wenngleich die Anzahl der sozialdemokratischen Abweichler erschreckend hoch ist – der Bundestag wird aufgelöst und Neuwahlen werden ausgerufen.

Für Steinmeier beginnen jetzt die letzten Monate an der Seite Gerhard Schröders. Und das letzte Mal wird er die unbestreitbaren Talente des Kanzlers hautnah erleben können. Denn so schwach Schröder in den Monaten vor den Entscheidungen zur Neuwahl auch gewirkt haben mag: Im Wahlkampf revitalisiert sich noch einmal sein Kampfgeist, die Auseinandersetzung wirkt auf ihn, wie Steinmeier selbst sagt, wie ein «Aphrodisiakum». In einer ganz auf seine Person zugeschnittenen Kampagne gelingt ihm sogar fast die Quadratur des Kreises: Er verteidigt die Politik der Agenda und warnt zugleich vor dem sozialen Kahlschlag einer drohenden schwarzgelben Koalition, mobilisiert so noch einmal die Stammklientel. Die Fehler von Union und FDP, die sich lange Zeit viel zu selbstsicher sind, tun ihr Übriges dazu: Am Ende gehen die Wahlen schließlich doch viel knapper aus als erwartet, und während im Frühjahr der Unterschied zwischen den beiden Volksparteien in Umfragen fast 25 % betrug, landen beide am Ende bei etwa 35 %. Zur Fortsetzung einer rot-grünen Koalition reicht das freilich nicht, und da CDU/CSU hauchdünn vorn liegen, wird auch schnell klar, dass es mit Schröders Kanzlerschaft vorbei ist. Es gibt in den Tagen nach der Wahl ein paar in Wahrheit wohl doch abwegige Koalitionsoptionen, die durchgespielt werden. Am Ende aber ist es offensichtlich, dass als kleinstes Übel wohl nur eine Große Koalition in Frage kommt – mit Angela Merkel als Kanzlerin.

Nach sieben Jahren ist Frank-Walter Steinmeiers Zeit im Kanzleramt vorbei. Hektische Monate liegen hinter ihm, doch er hat sich auch Gedanken über seine eigene Zukunft gemacht. Dass diese indes nicht ganz eindeutig waren, dafür spricht schon allein die Tatsache, dass in seinem politischen und privaten Freundeskreis sehr unterschiedliche Meinungen über Steinmeiers damalige Zukunftsvorstellungen kursieren. Manche meinen, dass er seine Zukunft in jedem Fall in der Politik gesehen habe, er die Arbeit im Kanzleramt ohnehin für ausgereizt gehalten und daher schon länger mit einem Wechsel ins Kabinett geliebäugelt hätte. Andere glauben, alles sei in Wahrheit doch sehr viel offener gewesen, er habe sich auch mit einem Leben außerhalb der Politik anfreunden können: ein gut bezahlter Managementposten vielleicht, der ihm wohl wenigstens ein bisschen mehr Zeit für seine Familie gelassen hätte.

Steinmeier selbst antwortet auf solche Fragen mit der ihm eigenen Nüchternheit: «Man konnte 2005», so der Bundesaußenminister, «nicht davon ausgehen, dass es wirklich noch einmal klappt mit einer sozialdemokratischen Regierungsbeteiligung.» Da er auch kein eigenes Bundestagsmandat gehabt habe, habe es gar nicht in seiner Macht gelegen, weiter in der Politik zu bleiben. Einen Wechsel in die freie Wirtschaft habe er sich durchaus vorstellen können und bei manchen Gelegenheiten auch von entsprechender Seite derlei Signale bekommen. Freilich verbot sich auch nur der kleinste Hinweis darauf, dass er schon an die Zeit danach dachte. Wenn es irgendwie publik geworden wäre, dass Schröders Kanzleramtschef sich – während man offiziell noch um das Überleben der Regierung kämpfte – schon auf die Zeit danach vorbereitete, wäre der Schaden wohl irreparabel gewesen.

Genau zu eruieren ist es daher nicht, mit welchen Vorstellungen Steinmeier die Koalitionsverhandlungen und Personalrochaden verfolgt. Dass er allerdings ins Kabinett einrücken wird, kristallisiert sich bald heraus. Es ist ja ohnehin eine recht ungewöhnliche Konstellation: Als Kanzlerpartei ist die SPD abgewählt, aber anders, als es bei einem Sturz in die totale Opposition der Fall ist, gibt es nun keine Tabula rasa, wird die Führungsspitze keineswegs ausgetauscht. Die Position von Franz Müntefering, dem Partei- und Fraktionsvorsitzenden, scheint so stark wie eh und je. Und auch Schröder scheint bei den anstehenden Aufgaben noch ein gewichtiges Wörtchen mitzureden – und kann so den Namen seines langjährigen Vertrauten bei den Verhandlungen lancieren. Steinmeier selbst kann sich ein um einige Kompetenzen erweitertes Wissenschaftsministerium vorstellen, was sich aber schnell erledigt hat. Franz Müntefering drängt darauf, dass die SPD so viele «klassische Ressorts» wie möglich erhält: Finanzen, Justiz – und eben das Außenministerium. Eine Weile scheint das Verkehrsministerium für Steinmeier in Reichweite zu sein. Da das Ressort aber gleichzeitig die Verantwortung für den «Aufbau Ost» tragen soll, kommt dafür nur ein Ostdeutscher in Frage.

Dass Frank-Walter Steinmeier im Alter von 49 Jahren deutscher Außenminister wird, ist fraglos einer Reihe glücklicher Umstände geschuldet. Erste Wahl ist er nicht. Das ist Matthias Platzeck, den Schröder und Müntefering für eine große Zukunftshoffnung der Partei halten. Und da das Amt des Außenministers fast schon automatisch hohe Popularitätswerte garantiert, scheint er eine gute Besetzung zu sein. Mit in der Politik seltener, aber sympathischer Ehrlichkeit bekennt der brandenburgische Ministerpräsident allerdings, dass er doch eigentlich ein «Landei» sei und daher für die Aufgabe nicht in Frage komme. Angeblich werden noch ein paar andere Möglichkeiten durchgespielt, aber so furchtbar groß ist die Auswahl nicht. In der Bundestagsfraktion der SPD sitzen nicht mehr sehr viele profilierte Außenpolitiker, und wo es sie doch gibt, wie etwa Hans-Ulrich Klose, da spricht ihr Alter nicht gerade für sie. So fällt die Wahl auf Steinmeier. Er hat damit nicht gerechnet, zögert andererseits, wie alle Beteiligten sagen, nicht lange, was für ein gesundes Selbstvertrauen spricht. Es ist zwar eine Entscheidung, die viele überrascht, beim zweiten Nachdenken jedoch große Plausibilität besitzt: Vom Kosovokrieg bis zum «Nein» zum Irakkrieg war Steinmeier an allen außenpolitischen Weichenstellungen Schröders maßgeblich beteiligt. Und gerade dieses «Nein» ist bei allen innerparteilichen Verwerfungen doch noch immer eine Klammer gewesen, die die SPD zusammengehalten hat. Bei Steinmeier scheint Schröders Erbe gut aufgehoben. Am 22. November 2005 wird er als Bundesaußenminister vereidigt.

Einem Freund hat er kurz zuvor gesagt: Bisher habe er noch samstags mit seiner Familie ohne Personenschutz und oftmals unbehelligt über den Ku'damm laufen können. Damit könnte es bald vorbei sein, was er sehr bedauere. Doch offenkundig hatte er das Gefühl, dass seine Möglichkeiten in der Politik noch nicht ausgereizt waren.

Zur dieser Zeit, als sich Steinmeiers Leben radikal verändert, tritt auch sein Bruder Dirk eine Abenteuerreise an: Er fliegt nach Nepal. Kurz zuvor hat er noch mit Frank telefoniert, und der hat ihm von einigen Optionen inner- und außerhalb der Politik erzählt. Ausgemacht war da noch nichts. Nach einer viertägigen Wanderung durch den Himalaya erreicht die Reisegruppe ein kleines Bergdorf. Es gibt eine einzige Telefonzelle – Dirk Steinmeier ruft seine Eltern in Brakelsiek an. Es knarzt fürchterlich in der Leitung, man versteht nicht viel, aber so viel dann doch: Es wird eine Große Koalition geben. Merkel wird Bundeskanzlerin. Und Frank, sein großer Bruder, Außenminister. Dirk Steinmeier ist, 10 000 km entfernt, ziemlich verblüfft. Am Abend treffen sie im Dorf eine größere Reisegruppe mit deutschen Touristen, die eine ähnliche Wanderung hinter sich hat. Diese fragen, ob es etwas Neues aus der Heimat gebe. Schon, bekommen sie aus Dirk Steinmeiers Reisegruppe zur Antwort: CDU/CSU und SPD bildeten jetzt die Regierung. Merkel würde Bundeskanzlerin, Frank-Walter Steinmeier Außenminister. Die deutschen Touristen schauen sich fragend an. Frank wer? Keiner von ihnen hat den Namen bisher gehört. Das sollte sich bald ändern.

5. Der deutsche Außenminister und die Schatten der Vergangenheit

Willy Brandt, Walter Scheel, Hans-Dietrich Genscher, Joschka Fischer: Es sind große Fußstapfen, in die Frank-Walter Steinmeier nun tritt. Er übernimmt damit ein Amt, das wie kein anderes Regierungsressort öffentliche Aufmerksamkeit garantiert und seinen Inhaber – neben der Bundeskanzlerin – zum international bekanntesten Repräsentanten Deutschlands macht.

Ein deutscher Außenminister muss sich nicht in die zuweilen höchst unerfreulichen Niederungen der Innenpolitik begeben, muss keinem Bürger erklären, warum die Beiträge zur Gesundheitsversicherung steigen, keine Durchhalteparolen durchgeben, wenn die Arbeitslosigkeit abermals steigt und die Staatsverschuldung entgegen allen Ankündigungen ausufert. Zudem ist der Außenminister eine vergleichsweise souveräne Figur. Natürlich muss er sich mit den Partnern der Bundesrepublik international abstimmen und einigen, nicht aber mit Gewerkschaften und Arbeitgeberverbänden. Anders als in der Innenpolitik, wo dann schnell von Stückwerk und visionslosem Klein-Klein gesprochen wird, gilt der Kompromiss in der Außenpolitik noch immer als die höchste Form der Staatskunst. Zwar hat ein Außenminister lauter schwierige, hochkomplexe Probleme zu lösen, und das enorme Arbeitspensum verschlingt auch den letzten Rest von Privatleben. Doch die meisten Krisen sind für die Deutschen sehr weit weg, meist an einem anderen Ende der Welt gelegen. Deutsche Außenminister sind daher immer auch Minister für Beruhigung und Vertrauen. Wer sich auch nur ein wenig auf die staatsmännische Pose versteht, kann an dieser Aufgabe wachsen und zügig Format gewinnen. Steinmeier übernimmt ein Amt mit fast schon eingebauter Popularitätsgarantie: Selbst Klaus Kinkel, der dann als FDP-Vorsitzender eine der unglücklichsten Figuren in der Geschichte der Liberalen wurde, ist in ihm ein beliebter Politiker geworden.

Im Grunde ist ja ein größerer Unterschied in den Aufgaben kaum denkbar: Als Chef des Bundeskanzleramtes musste Steinmeier für die Öffentlichkeit nahezu unsichtbar sein, durfte keinesfalls eine herausgehobene Stellung einnehmen. Und nun besetzt er jene Position der neuen Regierung, die neben der Kanzlerin die meiste Öffentlichkeit garantiert, freilich auch einfordert. Es ist wahrlich ein Sprung vom Maschinenraum auf das Sonnendeck der Politik.

Er selbst erklärt heute, die Zäsur in dieser Schärfe gar nicht zu empfinden. Das gilt vor allem für die Interpretation, dass nun ein Elitebürokrat über Nacht Politiker geworden sei. Auch seine Aufgabe als Chef des Bundeskanzleramtes sei bereits «hochpolitisch» gewesen, er habe seine Tage ja schließlich nicht mit der Sortierung von Kabinettsvorlagen zugebracht, sondern an vorderster Front Politik betrieben und für die Konzeption und inhaltliche Ausrichtung der deutschen Politik sieben Jahre lang Verantwortung getragen. Die Vermutung, dass die Öffentlichkeit für ihn ein ungewohntes Parkett sei, weist Steinmeier gerne von sich: Auch als Kanzleramtschef habe er ja nicht im stillen Kämmerlein gehockt und seine Politik, gerade in der Spätzeit der Ära Schröder, bisweilen auch medial vermittelt. Die Konflikte, um die es ging, seien stets sehr öffentliche Konflikte gewesen, da habe auch er automatisch im Blickpunkt gestanden. Im Grunde gebe es nur einen entscheidenden Unterschied, so Steinmeier: Im Kanzleramt seien ständig neue Probleme auf seinem Schreibtisch gelandet, die

Keine ganz untypische Pose: Nachdenklich, in Lektüre vertieft. Der Außenminister auf dem Rückweg von Saudi-Arabien nach Berlin.

es dann möglichst schnell abzuarbeiten galt. Nun aber sei der Themenkreis eingegrenzter, was stärkere Möglichkeiten eröffne, sich in aller Tiefe mit Problemen zu beschäftigen, die meist auch noch stetig wiederkehrten. Das ist schon wahr: Tatsächlich lässt sich etwa der Nahostkonflikt auch mit der klügsten Kabinettsvorlage nicht einfach aus der Welt schaffen.

In Wahrheit aber weiß wohl auch Steinmeier, dass die Unterschiede in vielerlei Hinsicht doch fundamental sind. Natürlich ist seine Aufgabe an Schröders Seite auf der einen Seite in der Tat hochpolitisch und keinesfalls ein reiner Administratorenjob gewesen. Steinmeier hat schon im Kanzleramt manche Entscheidungen quasi allein getroffen, tat mehr, als nur die Vorgaben seines Chefs zu exekutieren, war zugleich Stratege, Konzeptionalist und Umsetzer. Gerade in der Spätphase der Ära Schröder dachte er nicht nur über die Mittel, sondern immer auch über den Zweck seines Tuns nach. Doch ganz souverän in seinem Handeln war er letztlich nie. Das aber ist nun anders: Steinmeier kann weitgehend Politik auf eigene Rechnung betreiben – abgesehen von den Zwängen einer Koalitionsregierung sowie einer Kanzlerin, die wie fast alle Regierungschefs vor ihr schnell gemerkt hat, dass sich auf internationalem Parkett besser punkten lässt als bei den Querelen der Innenpolitik.

Vor allem aber: Die Art von Öffentlichkeit, in die er nun rückt, ist natürlich eine ganz andere. Er wird in einem Schnellkurs lernen, dass Politiker, die sich oft als Gladiatoren der politischen Arena inszenieren, gleichzeitig furchtbar machtlose Menschen sind: Sie haben keine oder nur sehr geringe Kontrolle darüber, wie sich ihr öffentliches Bild entwickelt, erleben permanent die Verselbstständigung ihrer eigenen Geschichte und müssen akzeptieren, dass die öffentliche Person, die sie sind, in keiner Weise mit ihrem eigenen Selbstbild korrespondiert. Ein falsches Wort nur kann die öffentliche Wahrnehmung der eigenen Person umkehren. Das erzieht zur maximalen Vorsicht, und es ist wohl auch der Grund dafür, warum die Sprache der Politiker oft so unauthentisch und sklerotisch wirkt. Und sagen sie einmal nichts, dann gibt auch ihr Schweigen Anlass zu allerlei Interpretationen. Auf Steinmeier kommt diese Lektion sehr schnell zu. Gerade im Amt, holt ihn die Vergangenheit ein.

Diese Vergangenheit führt zurück in die Zeit nach dem 11. September 2001. Er selbst sagt, dass dies seine schwerste Zeit im Bundeskanzleramt gewesen sei: Man habe einerseits alles tun wollen, um die Sicherheit der Bevölkerung zu schützen, andererseits alles vermeiden müssen, was die Angst und Hysterie nach den Anschlägen noch weiter anheizte. Einmal, erzählt er, sei er sonntags mit seiner Tochter im Berliner Zoo gewesen, als er plötzlich einen Anruf von seinem Geheimdienstkoordinator erhalten habe: Man sei gerade informiert worden, dass sich unter der Besuchergruppe des AKW Stade jemand befände, der in Hamburg engen Kontakt zu Mohammed Atta hatte, dem mutmaßlichen Cheflogistiker der Anschläge auf die Zwillingstürme des World Trade Center. Was nun zu tun sei? Er habe sich dann entschieden, das AKW nicht abzuschalten, sondern lediglich mehr Sicherheitspersonal zu schicken und die Besuchergruppe nicht in die sensiblen Bereiche der Anlage vordringen zu lassen. Es war die richtige Entscheidung: Attas Bekannter führte offenkundig nichts Böses im Schilde. Das Abschalten eines gesamten Reaktors, so Steinmeier, hätte wohl kaum zur Beruhigung der Bevölkerung beigetragen.

Wenn Steinmeier von seiner Arbeit nach dem 11. September spricht, dann nimmt seine Stimme an Eindringlichkeit zu und wird fast beschwörend. Der Druck, so glaubt man ihm, muss wohl in der Tat immens gewesen. Doch er betont die schwierigen Umstände dieser Zeit vielleicht auch deswegen so häufig, weil er damit schon die Antworten auf Fragen vorbereitet, die öfter gestellt werden, als ihm lieb ist. Steinmeier hat damals als Chef des Kanzleramtes und Verantwortlicher für die Koordination der Nachrichtendienste viele, sehr viele schwere Entscheidungen treffen müssen, und im Nachhinein waren vielleicht nicht alle davon richtig. Es sind unterschiedliche Geschichten, mit denen er nun als Außenminister plötzlich konfrontiert wird, doch alle spielen in der Grauzone der Geheimdienste und erzählen von Begebenheiten, von denen die Deutschen in der Regel nicht viel erfahren. Und ihre Spur führt oft in den siebten Stock des Kanzleramtes: zu Frank-Walter Steinmeier.

Der erste Einschlag detoniert noch ziemlich weit entfernt von ihm. Im Dezember 2005 berichtet der «Tagesspiegel» über den Fall des Deutschlibanesen Khaled El-Masri. Dieser ist zwei Jahre zuvor an der serbisch-mazedonischen Grenze festgenommen und danach von der CIA nach Afghanistan verschleppt worden. Ob die Amerikaner ihn – wie sie behaupten – schlicht mit einem gesuchten Al-Qaida-Mann gleichen Namens verwechseln oder tatsächlich auf Auskünfte über die Islamistenszene im baden-württembergischen Neu-Ulm hoffen, zu der El-Masri losen Kontakt haben soll, ist nicht ganz eindeutig. Er wird nach seiner eigenen, allgemein für authentisch gehaltenen Darstellung in einem Gefängnis nahe Kabul vier Monate lang verhört, misshandelt und gefoltert. In dieser Zeit habe ihn auch ein deutschsprachiger Beamter verhört, der sich als «Sam» vorgestellt habe und den er später auf Fotos als Mitarbeiter des BKA identifizierte. Belege gibt es dafür ebenso wenig wie für die generelle Beteiligung deutscher Sicherheitsbehörden an der Entführung El-Masris. So geht es einzig um die Frage, wann Vertreter der Bundesrepublik von dem Fall erfahren haben. Nach der bis heute gültigen Beweislage geschieht dieses erst, nachdem El-Masri von den Amerikanern wieder freigelassen wird. Otto Schily ist der Erste, der von der Verschleppung El-Masris vom amerikanischen Botschafter Daniel Coats Ende Mai 2004 erfährt. Der Bundesinnenminister sagt, er habe die Information für sich behalten, da Coats ihm mitgeteilt habe, dass El-Masri mittlerweile auf freiem Fuß sei und er daher keinen Grund gesehen habe, die Geschichte an die Öffentlichkeit zu bringen. Ähnlich äußert sich Steinmeier, der vom Fall El-Masris erst im Juni 2004 erfahren haben will. Auch der Kanzleramtschef sieht da keinen Handlungsbedarf mehr. Nach ihrer Einschätzung kann die Bundesregierung zum Zeitpunkt ihrer Kenntnisnahme für den Deutschlibanesen nichts mehr tun. Das Unrecht ist ihm schon widerfahren.

Der Fall El-Masri wird Steinmeier noch eine Weile beschäftigen, ihm aber nicht wirklich gefährlich werden. Sonderlich souverän reagiert der neue Außenminister dennoch nicht. Sichtlich gereizt etwa erleben ihn die Abgeordneten der SPD-Fraktion. Sie haben kein Interesse daran, ihm zu schaden, wollen nur Aufklärung und wundern sich, vielleicht ein wenig naiv, warum sie von dem Vorfall nicht früher erfahren haben. Auch fragen sie sich, was noch ans Tagelicht kommen mag. Steinmeier aber empfindet ihr Verhalten als bedrohlich, reagiert unwirsch und verständnislos auf ihr Ansinnen. Es entsteht der Eindruck, er halte sie doch ein wenig für politische Einfaltspinsel, die nicht wüssten, um was es damals eigentlich im Kern gegangen sei. Seine Reaktion ist sehr erstaunlich für einen Mann, dem ansonsten eine schier unerschöpfliche Geduld nachgesagt wird. Aber es ist wohl Teil des Rollenwechsels, den Steinmeier nun zu spüren bekommt: Es geht nicht mehr darum, konkrete Probleme zu lösen oder einen Konsens zu finden. Jetzt steht er als Person im Mittelpunkt, fungiert nicht mehr als Schröders Prellbock. «In der Fraktion wird generell viel und gern geredet», sagt heute ein Abgeordneter der SPD, der erkennbar Distanz zum politischen Betrieb gewonnen hat, «und oft hat das auch nur therapeutische Funktion.» Steinmeier aber mag den Therapeuten nicht spielen. Er versteht nicht so recht, dass die Abgeordneten die Geschichten aus der Schattenwelt reichlich unheimlich finden, dass sie Klärungsbedarf bei Dingen sehen, die ihm selbst völlig klar erscheinen.

Mit dem Fall El-Masri beginnt eine gefährliche Diskussion. Denn die deutsche Öffentlichkeit ist erschrocken, in welchem Maße die Amerikaner glauben, über das Leben deutscher Bürger im Ausland verfügen zu dürfen – und wie unbehelligt sie offenkundig auch in Deutschland für ihren «Krieg gegen den Terror» schalten und walten können. Viel ist etwa die Rede von den «Gefangenenflügen» der CIA, die Verdächtige quer über den Globus in Foltergefängnisse bringen lassen, um dort von ihnen Informationen zu erpressen. Und Deutschland scheint ein bevorzugtes Drehkreuz ihrer regen Reisetätigkeit zu sein.

Im Januar 2006 ergeben dann Recherchen des ARD-Magazins «Panorama», dass sich während des Irakkrieges Agenten des Bundesnachrichtendienstes in Bagdad aufgehalten haben. Es ist noch keine spektakuläre Nachricht – dass es im Interesse der Bundesregierung lag, eigene Quellen zur Lage im Zweistromland zu haben, ist im Grunde eine Selbstverständlichkeit. Die Frage ist nur: Was haben die beiden BND-Agenten in dieser Zeit dort getan? Die ARD-Journalisten berichten, der BND habe direkt mit den Amerikanern kooperiert und auch Koordinaten für Angriffsziele weitergegeben.

Dieser Vorwurf ist politisch hochexplosiv. Deutschlands Widerstand gegen den Irakkrieg hat der Regierung Schröder 2002 vermutlich die Wiederwahl eingebracht. Schröder selbst hat auch danach, im Februar 2003, wenige Tage vor Beginn der Operation «Iraqi Freedom», im Deutschen Bundestag einen Satz gesagt, der wie in Stein gemeißelt schien: «Unter meine Führung wird sich Deutschland an einem Einsatz im Irak nicht beteiligen.» Ist es also das, was der Kanzler darunter verstand? Dass man offiziell auf das Schärfste gegen den Krieg polemisiert, inoffiziell der Bush-Regierung aber zuarbeitet? Für Schröder steht nicht weniger als das Vermächtnis seiner Kanzlerschaft auf dem Spiel. Und bei einigen Medien fallen die Recherchen von «Panorama» auch deswegen auf fruchtbaren Boden, weil seine Ablehnung damals so spektakulär ausgefallen ist, eben nicht auf stillen diplomatischen Kanälen artikuliert wurde, sondern in der Hitze des Bundestagswahlkampfes 2002. Viele haben ihm vorgeworfen, aus reinem Kalkül gehandelt und den tiefsitzenden Antiamerikanismus seiner Parteibasis bedient zu haben. So steht also der Vorwurf einer ungeheuren Doppelmoral im Raum. Und anders als bei der Agenda 2010, über die natürlich auch Anfang 2006 innerhalb und außerhalb der SPD weiter heftig gestritten wird, steht die Richtigkeit des Anti-Kriegs-Kurses der damaligen Koalition mittlerweile kaum noch in Zweifel, ganz gleich, ob die Akzentuierung auch ohne Wahlkampf so überaus scharf ausgefallen wäre. Ein neues Kapitel im deutsch-amerikanischen Verhältnis hätte diese Entscheidung wohl auch dann markiert, wenn Schröder sie nicht auf dem Marktplatz in Goslar verkündet hätte. Selbst die Union spricht das Thema mittlerweile lieber nicht mehr an, nachdem ihre Vorsitzende noch im Februar 2003 in der «Washington Post» einen peinlich-anbiedernden Artikel veröffentlicht hat, in dem sie sich vom Amerika gegenüber «treulosen» Kanzler distanziert. Es ist vielleicht das einzige Mal, dass Angela Merkel sich bei einer wichtigen Frage festgelegt hat – und dabei sofort einen fundamentalen Mangel an Urteilskraft beweist.

Für Steinmeier wirkt die Angelegenheit aus vielerlei Gründen bedrohlich – nicht nur, weil er damals im Kanzleramt die Geheimdienstkoordination verantwortet hat. Er hat auch vom ersten Tag an deutlich gemacht, dass er die Grundzüge der rot-grünen Außenpolitik fortführen will. Und als sich die Journalisten in den Tagen des Amtswechsels von Fischer zu Steinmeier fragen, welche Linie der neue Außenminister wohl verfolgen wird, dann fällt ihnen vor allem eine Episode ein: wie nämlich der amerikanische Botschafter in Berlin, Daniel Coats, im Sommer 2002 im Kanzleramt vorstellig wurde und sich dort bitterlich über die Antikriegsrhetorik der Bundesregierung beschwerte. Worauf Steinmeier ihm aber nur kühl entgegnete: Wer die Geschichte der SPD kenne, der wisse, dass sie eben grundsätzlich eine Friedenspartei sei und für fragwürdige militärische Abenteuer nicht zur Verfügung stehe. Washington müsse sich eher darauf einstellen, dass über die Frage von Krieg und Frieden während des kommenden Wahlkampfes noch intensiver gestritten werde.

Einem Freund, der Steinmeier in dieser Zeit im Auswärtigen Amt besucht, erscheint der sonst so ruhige Außenminister emotional aufgewühlt. Er ist ja politisch gesehen der letzte Überlebende der rot-grünen Koalition. Steinmeier ist sich anfangs durchaus nicht sicher, ob er die Angelegenheit überstehen wird und wie groß der öffentliche Druck noch werden könnte. Auch deutet nichts darauf hin, dass jemand aus der alten Führungsriege die Verantwortung mit ihm teilen möchte, Gerhard Schröder etwa oder Joschka Fischer. Vermutlich können sie das auch nicht. Es geht schließlich um die operativen Details einer Geheimdienstaktion; diese politisch zu kontrollieren und zu begleiten war seine Aufgabe. Jedenfalls wählt er – genauso wie die Spitze des BND – sofort eine harte und vergleichsweise unflexible Verteidigungslinie, in deren Kern ein eindeutiges Dementi steht. Zwar wird bestätigt, dass sich deutsche Agenten zum Zeitpunkt des Krieges in Bagdad aufhielten und auch Informationen an die Amerikaner weitergegeben haben; Angriffsziele seien aber definitiv nicht genannt worden. Ganz im Gegenteil seien ausschließlich die Koordinaten so genannter «non-targets» übermittelt worden, die auf keinen Fall bombardiert werden dürften: Krankenhäuser, Schulen, Kindergärten. Die deutschen Agenten, behauptet der Außenminister, hätten so Leben gerettet. Und: Man werde sich «Versuchen widersetzen, dass jetzt aufgrund einer Nachrichtenlage mit angeblichen Zeugen, die in abgedunkelten Räumen sitzen, Geschichte umgeschrieben wird». Der Außenminister wittert eine Kampagne und in der Tat ist zu diesem Zeitpunkt nicht ganz klar, wie belastbar die Quellen von «Panorama» sind. Das Fernsehmagazin beruft sich auf Mitarbeiter des Pentagon, die freilich lieber anonym bleiben wollen. Stichfeste Beweise sind das noch nicht.

Es dauert fast drei Jahre, bis die Geschichte der BND-Agenten im Irak erneut Fahrt aufnimmt. Dieses Mal ist es der «Spiegel», der sich der Affäre im Dezember 2008 annimmt. Und nun werden Ross und Reiter genannt. Das Nachrichtenmagazin veröffentlicht ein Interview mit dem amerikanischen General a.D. James Marks. Und der hat einiges zu erzählen, zum Beispiel, dass er den BND-Quellen mehr vertraut habe als denen der CIA, dass die Hinweise der Deutschen elementar gewesen seien. Er nennt auch konkrete Beispiele. Als die BND-Agenten gemeldet hätten, dass Saddam Hussein damit beginne, die Ölquellen in Brand zu stecken, sei sogar der Beginn der Bodenoffensive vorgezogen worden. Ein anderes Mal habe man die Information erhalten, dass ein Flughafen bei Bagdad, der durch eine amerikanische Luftlandeeinheit eingenommen werden sollte, durch starke Flugabwehrstellungen gesichert war. Man habe daraufhin auf den Einsatz verzichtet, die beiden Agenten hätten so die Leben amerikanischer Soldaten gerettet. «Die Deutschen sind Helden», sagt Marks.

James Marks ist zu diesem Zeitpunkt zwar längst aus der U.S. Army ausgeschieden, verteidigt aber als so genannter Experte im Fernsehen im Auftrag des Pentagon die Linie der Bush-Regierung. Bei eingehender Würdigung erscheinen auch einige der von ihm genannten Beispiele für die Hilfe des BND als wenig plausibel. Handelt es sich also um ein «vergiftetes Lob», wie Steinmeier selbst meint, also den Versuch Bush-treuer Militärs, sich im Nachhinein für die deutsche Nichtbeteiligung am Irakkrieg zu revanchieren? Andererseits äußern sich in der Folge noch andere beteiligte hochdekorierte US-Militärs, wie etwa Tommy Franks, damals Oberkommandierender der Invasion, der sagt, die deutsche Hilfe sei «unbezahlbar» gewesen. Andere Belastungszeugen, die der «Spiegel» aufgetrieben hat, scheinen größerer Sympathie für die Bush-Regierung ohnehin eher unverdächtig. Dass die Rolle des BND so harmlos war, wie von Steinmeier behauptet, erscheint daher als höchst unwahrscheinlich.

Von 2006 bis heute hat Steinmeier in unzähligen Sitzungen des BND-Untersuchungsausschusses auch zu den Agenten im

Irak immer wieder Stellung genommen. Von seiner ursprünglichen Haltung ist er dabei kaum abgerückt, wenngleich er mittlerweile nicht mehr abstreitet, dass manche der Hinweise wohl in die allgemeine Lagebeurteilung der Amerikaner eingegangen sind: «Wir haben nie geglaubt, dass der amerikanische Nachrichtendienst die Meldungen in sein Poesiealbum einkleben würde.» Was genau vorgefallen ist, inwiefern die Tätigkeiten der BND-Agenten überhaupt in allen Details von der Behördenspitze kontrolliert werden konnten, lässt sich schlecht ermessen. Versuche des Untersuchungsausschusses, amerikanische Militärs als Zeugen vorzuladen, sind bisher gescheitert: Das US-Verteidigungsministerium hat ihnen ohne Angabe von Gründen die Aussage verboten. Solange nicht die Agenten des BND selbst vor dem Ausschuss eine völlig andere Version der Geschichte als Steinmeier erzählen, wird ein richtiger Skandal daraus wohl nicht werden. Und noch jedenfalls scheint Angela Merkel kein Interesse daran zu haben, den Druck auf Steinmeier im Untersuchungsausschuss in einer Weise zu erhöhen, die für den Fortbestand der Koalition gefährlich werden könnte – wenngleich nicht wenige in der Unionsfraktion genau darauf drängen. Wer mit Menschen spricht, die in Berlin zum außenpolitischen Establishment gehören, erlebt ohnehin wenig Aufregung. Denn die eigentliche Frage, so etwa Volker Perthes, der Leiter der «Stiftung Wissenschaft und Politik» und außenpolitischer Berater der Bundesregierung, sei ja ganz einfach gewesen: Worin habe denn eigentlich das strategische Interesse der Bundesrepublik gelegen, nachdem deutlich wurde, dass nichts und niemand die Bush-Regierung von einer Invasion des Irak abhalten konnte? Habe man gewollt, dass die Amerikaner hohe Verluste erleiden und der Krieg länger dauere als unbedingt notwendig? Das sind freilich Überlegungen – und Perthes sagt das selbst –, die ein Politiker wohl nicht in gleicher Weise anstellen darf.

Der letzte Fall, für den Steinmeier in den Keller seiner Vergangenheit hinabsteigen muss, hat politisch gesehen nicht die gleiche Bedeutung wie die Geschichte der BND-Agenten im Irak. Doch vermutlich trifft er ihn am empfindlichsten. Denn dieser Vorgang ist weniger abstrakt, viel konkreter, es geht um das Schicksal eines einzigen Menschen und was Steinmeier hätte tun können, um diesem schweres Leid zu ersparen. Kurz gesagt: Es ist der Stoff, aus dem auch die Medien sehr viel leichter eine Geschichte stricken können. Es ist die Geschichte von Murat Kurnaz.

Auch Kurnaz gehört zu jenen, die zur falschen Zeit am falschen Ort gewesen sind – wenngleich seine Vorgeschichte zumindest verständlich macht, dass auch deutsche Sicherheitsbehörden ihn lange als potentiellen Risikofaktor einstufen. Unmittelbar nach den Terroranschlägen vom 11. September reist er nach Pakistan, um dort, so seine eigene Aussage, eine Koranschule zu besuchen und die Worte des Propheten zu studieren. Zu diesem Zeitpunkt ist der fromme Muslim längst auf dem Weg, sich auch politisch zu radikalisieren, und lauscht in Bremer Moscheen den Hasspredigten fanatischer Islamisten. Doch als ihn pakistanische Sicherheitskräfte im Dezember 2001 in Peschawar aufgreifen, gibt es keinen überzeugenden Beweis dafür, dass er planen würde, sich dem bewaffneten Kampf der Taliban anzuschließen. Er hat auch keine Straftat verübt. Kurnaz wird den Amerikanern übergeben, die ihn als «enemy combatant» einstufen. Damit sind ihm alle Rechte als Kriegsgefangener versagt. Sein Leidensweg beginnt.

Kurnaz wird erst im afghanischen Kandahar eingesperrt und dann nach Guantanamo verbracht, in das berüchtigte Camp Delta, wo die USA Terroristen und solche, die sie dafür halten, unter menschenunwürdigen Bedingungen gefangen halten. Kurnaz berichtet später detailliert, was ihm dort widerfährt: Schlafentzug, Prügel, eine Zelle kaum größer als ein

Käfig, eine Schüssel mit Essen und Trinken und daneben eine für seine Exkremente.

Das ist Kurnaz' Geschichte, aber sie ist auch die Geschichte von Frank-Walter Steinmeier, und dieses Mal ist seine Nebenrolle ziemlich groß. Denn anders als im Fall Khaled El-Masri hätte Steinmeier Kurnaz vielleicht einen Teil seines Martyriums ersparen können. In der so genannten Präsidentenlage im Bundeskanzleramt, wo neben Steinmeier auch die Leiter der Geheimdienste und die Staatssekretäre des Auswärtigen Amtes, des Justiz- und Innenministeriums sitzen, wird der Fall das erste Mal im Frühjahr 2002 besprochen. Ein Beamter trägt die Erkenntnisse über Kurnaz vor, die ausreichen, um ihn als Risikoperson einzustufen. Ansonsten ist seine Angelegenheit die Sache der Amerikaner. Im September 2002 aber wird Kurnaz in Begleitung eines CIA-Agenten von zwei Beamten des BND und einem Mitarbeiter des Verfassungsschutzes befragt. Ihr Ergebnis: Es gebe «keine Hinweise auf eine verinnerlichte islamistische Ideologie». Der amerikanische Geheimdienst macht daraufhin den Vorschlag, Kurnaz freizulassen und ihn als V-Mann in die deutsche Islamistenszene einzuschleusen.

Die Präsidentenrunde verwirft im Oktober 2002 die V-Mann-Idee aus verschiedenen Gründen und stuft Kurnaz weiterhin als erhebliches Sicherheitsrisiko ein. Wenig später, am 29. Oktober, tagt die Präsidentenrunde erneut. Der Chef des BND, August Hanning, plädiert dafür, Kurnaz im Falle einer Freilassung in die Türkei abzuschieben und eine Einreisesperre zu verhängen. Kurnaz ist zwar in Bremen geboren und dort auch aufgewachsen, besitzt aber keinen deutschen Pass und ist türkischer Staatsbürger. Damit ist sein Schicksal vorerst besiegelt. Kurnaz muss fast vier weitere Jahre in Guantanamo bleiben. Erst im August 2006 kann er nach Deutschland zurückkehren.

Im Untersuchungsausschuss zum Fall Kurnaz lautet die entscheidende Frage nun, inwiefern es sich wirklich um ein konkretes Angebot der Amerikaner gehandelt hat. Steinmeier bestreitet das und bezeichnet die Diskussionen um Kurnaz' Freilassung als ein «Agentenspiel», das nie auf höherer diplomatischer Ebene begleitet wurde. Ziel der Amerikaner sei es ja im Übrigen nicht gewesen, Kurnaz die Freiheit zu schenken, sondern ihn als V-Mann einzuschleusen. Das aber habe er auf Empfehlung des BND-Chefs und des zuständigen Koordinators im Kanzleramt abgelehnt. Außerdem findet er es reichlich konstruiert, aus den Vermerken einzelner Referatsleiter herauszulesen, dass Kurnaz zu diesem Zeitpunkt als gänzlich ungefährlich eingestuft werden konnte. Es hätten weiterhin gewichtige Bedenken von Geheimdienst und Verfassungsschutz bestanden, die er geteilt habe. Und immer wieder versucht Steinmeier auch heute noch die Stimmung nach dem 11. September in Erinnerung zu rufen: die Angst vor neuen Anschlägen, die Vorwürfe, deutsche Sicherheitsbehörden hätten zuvor nicht alles in ihrer Macht Stehende getan, die Anschläge in New York und Washington zu verhindern – führte doch die Spur vieler Attentäter nach Deutschland. Was, so verteidigt sich Steinmeier, hätte man ihm zu Recht vorwerfen können, wenn sich Kurnaz nach seiner Rückkehr in Deutschland keineswegs als harmloser Zeitgenosse entpuppt hätte?

Zweifel an Steinmeiers Rolle sind bis heute geblieben, in den Reihen der Opposition und bei vielen der Union, bei den Journalisten und bei einigen Sozialdemokraten. Ganz loswerden wird er sie wohl nie mehr. Doch wie immer man auch die Schuldfrage beurteilen mag: Es ist der Fall Kurnaz, der genau jenes Image Steinmeiers verstärkt, das er und diejenigen, die an seinem Bild arbeiten, um jeden Preis verhindern wollen: dass da nämlich jemand im Auswärtigen Amt sitzt, der in Wahrheit ein kalter Technokrat ist. Dass er sich im Zweifel

für die Sicherheit entschieden hat, was sich ja politisch recht-
fertigen ließe, wiegt bei ihm daher vielleicht schwerer als bei
anderen. Mit «glühender Sachlichkeit», schreibt der «Spiegel»,
habe Steinmeier seine Aufgabe verfolgt. Letztlich habe er sich
vielleicht nichts zuschulden kommen lassen, aber ihm habe
jenes Gefühl für Menschlichkeit gefehlt, das den mitfüh-
lenden Politiker vom kalten Technokraten unterscheide. Der
Fall Kurnaz «zeigt, wie einer, der nie die Kontrolle verlieren
wollte, sie gerade deshalb verlor». Fair ist es sicher nicht, wenn
die Medien unermüdlich seine sichtbare Anspannung und äu-
ßerste Bedachtsamkeit in der Wortwahl als Beleg dafür wer-
ten, dass Steinmeiers Kontrollbedürfnis ganz besonders groß
sei, dass er bemüht sei, mit jedem Satz eine Mauer um sich
herum aufzubauen, und er dann wirke wie ein «sprechender
Aktenordner». Selbstverständlich ist er in seinen Formulie-
rungen äußerst vorsichtig, wägt jedes Wort genau ab. Denn
im Frühjahr 2007, als der Wirbel um Kurnaz seinen Höhepunkt erreicht, scheint sein erzwungener Rücktritt eine nahe
liegende Möglichkeit zu sein. Andererseits entspricht diese
Charakterisierung wohl auch einem Menschen, dem man als
Kanzleramtschef aufgrund seiner Gründlichkeit nachsagte, er
hefte selbst seine Blumensträuße noch in aller Korrektheit ab.
Der Vorzug «Grauer Eminenzen» entwickelt sich jetzt zu einem Nachteil: Auch Steinmeier traut man zu, immer ein bisschen mehr zu wissen, als er zu sagen bereit ist. Schließlich hat
er jahrelang ein «Schattenreich» dirigiert.

So sieht es also nicht gut aus für Frank-Walter Steinmeier
Anfang des Jahres 2007, als der Untersuchungsausschuss in
den Notizen der Geheimdienste kramt und dabei manches findet, was schon ein wenig verstörend und unheimlich klingt.
Für Matthias Richling bedeutet der Fall Kurnaz hingegen
einen Durchbruch. Der Kabarettist, dem die geniale Parodie
berühmter Spitzenpolitiker ansonsten fast mühelos gelingt,

hat mit seinem Steinmeier bis dahin große Probleme gehabt. Nichts wirklich Markantes habe dieser Mann, klagt Richling, die Sprache immer ein wenig «beamtig», der Auftritt eher spröde. Aber mit dem Fall Kurnaz gewinnt Steinmeiers Beamtentum an Profil, erhält eine Doppelbödigkeit, die es braucht für die gelungene Pointe. Auf der Bühne lässt Richling seinen Steinmeier jetzt fein ordentlich Schlaufen um seine Akten machen, ihm schräg gegenüber sitzt ein Journalist, ebenfalls von Richling gespielt, und interviewt ihn seriös zum Fall Kurnaz. Irgendwann fragt er ihn, ob denn im Fall Kurnaz mit Schadensersatz gerechnet werden könne, und Steinmeier alias Richling antwortet: «Schadensersatz wird es auf jeden Fall geben. Zumal der Schaden beträchtlich ist, den Herr Kurnaz mit Veröffentlichung seines Falls der Bundesrepublik Deutschland zugefügt hat.» Immerhin, urteilen manche Journalisten, habe die ganze Sache ja einen Vorteil: Steinmeiers Defizite seien ja nun rechtzeitig genug offengelegt worden, so dass er gewiss niemals Kanzlerkandidat werde.

Was aber geht im realexistierenden Steinmeier vor? Dass ihn die Sache umtreibt und belastet, ist nur zu offenkundig. Aber das lässt durchaus unterschiedliche Interpretationen zu. Seine öffentlichen Auftritte legen die Vermutung nahe, dass er sich missverstanden und zu Unrecht beschuldigt fühlt und eine Kampagne gegen sich vermutet. Andererseits ist Steinmeier grundsätzlich ein sehr nachdenklicher Mensch, der durchaus zur Selbstkritik fähig ist. Vor allem aber: Fast alle, die ihn gut kennen, beschreiben Steinmeier als einen ungeheuren Perfektionisten. Stellt er sich insofern vielleicht doch irgendwann die Frage, ob er nicht zumindest dazu hätte beitragen können, das Martyrium des Murat Kurnaz zu verkürzen, und die Tür, die die Amerikaner vermutlich schon zur Hälfte geöffnet hatten, vollends hätte aufzustoßen vermocht? Gibt es da nie den leisesten Zweifel am eigenen Verhalten?

Wenn es so wäre: Zugeben darf Steinmeier das natürlich nicht. So bekundet er zwar sein Mitgefühl für das Schicksal des Deutschtürken, doch zu entschuldigen brauche und könne er sich auch nicht, sagt er. Politisch ist das verständlich, denn das wäre so etwas wie ein Schuldeingeständnis und könnte der Anfang vom Ende seiner politischen Karriere sein. Das Höchstmaß an öffentlicher Selbstkritik zeigt er bei der Anhörung im Untersuchungsausschuss, und auch das ist eher ironisch unterlegt: «Nachher ist man immer schlauer. Man hätte nachher leben müssen.»

Aber es ist dieser Untersuchungsausschuss, der die Wende einleitet. Auffällig ist zumindest, dass die Vorbehalte und das Misstrauen in der Folge zwar nicht aufhören, die Rücktrittsforderungen jedoch nachlassen und schließlich ganz abebben. Steinmeier wackelt nicht in der Anhörung, und das, obgleich die Abgeordneten ihn fast sechs Stunden befragen. Er tritt bestimmt auf, aber doch nicht mit der Arroganz eines Joschka Fischer («Schreiben Sie auf: Fischer ist schuld!») und Otto Schily. Von seiner Linie weicht er freilich keinen Meter zurück, versucht daher auch nicht, irgendwelche Verantwortlichkeiten von sich zu weisen. Zwar weicht er einmal aus, als er sagt, dass er in seiner Zeit im Kanzleramt wohl an die viertausend nicht ganz unwichtige Gespräche geführt habe, an die er sich nicht allesamt detailliert erinnern könne. Als ihm aber ein SPD-Mann im Ausschuss beispringen will und sagt, dass es in der Präsidentenlage ja auch keine formelle Beschlusskompetenz gegeben habe, da sagt er, er wolle «jetzt nicht auf die semantische Brücke ausweichen, dass da keine Entscheidungslage gewesen wäre». Er reagiert gar ein wenig gekränkt, als Otto Schily, der einen Karriereabsturz nicht mehr zu fürchten hat, die Verantwortung mit großer Geste allein auf sich nehmen möchte.

Steinmeier steht all die dunklen Geschichten also durch und spätestens seit den letzten Enthüllungen im Dezember

2008 durch den «Spiegel» trügt wohl der Eindruck nicht, dass sein Fell dicker geworden ist. Paradoxerweise hat es ihm im Ganzen vielleicht nicht einmal geschadet.

Erstens ist durch die Affären deutlich geworden, dass Steinmeier für seine Partei nur schwer zu ersetzen ist. Je länger der Untersuchungsausschuss andauert, umso stärker zeigt sich, dass die SPD bestrebt ist, ihn um jeden Preis zu halten. Als es für kurze Zeit wirklich eng wird und die Spekulationen beginnen, wer ihm überhaupt ins Amt nachfolgen könnte, da fällt keine Name, der in irgendeiner Weise plausibel wäre. Niemand hat zugleich die Expertise und das persönliche Format, um dieses Amt auszufüllen. Die Partei braucht Steinmeier. Die Frage, ob ein Politiker zurücktreten muss, bemisst sich ja in den seltensten Fällen am Grad seiner Verfehlungen oder am Druck, den die Gegenseite ausübt. Entscheidend ist, wie stark die Bereitschaft der eigenen Leute ist, den Beschuldigten nicht fallen zu lassen.

Zweitens sind diese Krisen vielleicht auch für Steinmeier selbst wichtig gewesen. Dass Politiker manchmal ein Tal durchqueren müssen und gerade aus ihren Niederlagen gestärkt hervorgehen, ist im Falle Steinmeiers evident. Er hat sich selbst bewiesen, auch so etwas durchstehen, allerlei Unerfreuliches aussitzen zu können, wenn man nur gute Nerven und eine gute Portion Abgebrühtheit besitzt. Es ist ein wichtiger Teil seiner Politikerwerdung. Und was immer der politische Gegner im Wahlkampf auch gegen ihn auffahren mag: Steinmeier ist schon einmal durchs Feuer gegangen.

Drittens bleibt auch die Frage, ob die Untersuchungsausschüsse ihm in der Öffentlichkeit geschadet haben, mindestens diskutabel. In der Tat brechen seine Popularitätswerte auf dem Höhepunkt der Kurnaz-Affäre kurzzeitig rasant ein, im «Deutschlandtrend» vom Februar 2007 von 69 auf 47%. Doch davon wird er sich schnell erholen. Und die Mehrzahl der

Deutschen ist selbst zu diesem Zeitpunkt der Meinung, dass es richtig gewesen ist, Kurnaz nicht früher nach Deutschland einreisen zu lassen. Vielleicht liegt es daran, dass er nicht wie Müller, Meier oder Schulte aussieht, sondern nach seiner Entlassung aus der Gefangenschaft lange Haare und einen wallenden Bart trägt und so dem Schreckensbild des Islamisten entspricht. Im Übrigen: Die Geschichte mag Kratzer hinterlassen haben, aber nicht alle Kratzer schaden. Für einen Beamten kann es durchaus schmeichelhaft sein, «Dr. Makellos» genannt zu werden – für einen Politiker ist das anders. Er muss Gegenstand des öffentlichen Interesses sein, eine Geschichte besitzen, Kante, Gegner und Kritiker haben. Steinmeier, der um seine Ämter niemals kämpfen musste und darum nie unterliegen konnte, hat nun zumindest einmal in den Abgrund geschaut. Bei allen moralischen Ansprüchen, die die Bürger an ihre Spitzenpolitiker haben: Einen allzu braven Zeitgenossen können sich wohl auch die Deutschen nicht im Kanzleramt vorstellen. Und für zu brav kann man Steinmeier nach allem, was vorgefallen ist, nicht mehr halten.

Doch was sich in den Affären El-Masri, Kurnaz und der BND-Agenten im Irak über fast drei Jahre an Unerfreulichkeiten über Steinmeier zusammenballt, ist ohnehin nur ein Ausschnitt aus einer ansonsten fraglos erstaunlichen Erfolgsgeschichte. Denn auch wenn der Job des Außenministers günstige Möglichkeiten der Profilierung bietet: Man muss diese Chancen auch zu nutzen wissen. Steinmeier tut das und lässt seinen äußerst populären Vorgänger Joschka Fischer damit ziemlich schnell vergessen.

In Stil und Auftreten als Außenminister ist ein größerer Unterschied zwischen diesen Männern allerdings kaum denkbar. Gewiss, beide beherrschen die Pose des Staatsmannes exzellent, aber die Art, wie sie sie interpretieren, ist vom ersten Tag an sehr unterschiedlich. Wenn Fischer seine Stirn effektvoll in Falten legte und ebenso kryptisch wie unheils-schwanger über die Brandherde der Welt sprach, dann sollte jedermann wissen, wie schwer die Last war, an der er trug. Schließlich wusste er von Gefahren, die da dräuten, anderen aber verborgen blieben, dachte in Dimensionen, die all den Nicht-Außenministern zu ihrem Vorteil verschlossen blieben – sie wussten ja gar nicht, wie nah die Welt täglich am Abgrund stand. Mit großem staatsmännischem Ernst spricht auch Steinmeier über die Krisenregionen dieser Welt. Doch er hält eine persönliche Distanz zu den Dingen, die Fischer nie ausgestrahlt hat. Im Mittelpunkt stehen stets die Probleme, nicht Frank-Walter Steinmeier.

Fischer erfreute sich auch sichtlich daran, im Kreise der Großen dieser Welt zu verkehren und von ihnen als gleich-berechtigter Gesprächspartner akzeptiert zu werden – von keinen anderen Begegnungen schwärmte er so inbrünstig wie von denen mit der amerikanischen Außenministerin Madeleine Albright, der «lieben Madelaine», wie er zu sagen pfleg-te. Bei Steinmeier lassen sich solcherlei Differenzierungen nicht ausmachen. Am besten, heißt es, verstehe er sich mit dem luxemburgischen Außenminister Jean Asselborn. Und Steinmeier hat sich vom ersten Tag an stärker auf den Beam-tenapparat seines Ministeriums und auf einige Vertraute aus seiner Zeit im Kanzleramt gestützt. So arbeitet Steinmeiers wichtigster Mitarbeiter, sein Büroleiter Stephan Steinlein, seit 1999 für ihn, kommt ursprünglich jedoch selbst aus dem Di-plomatischen Dienst, so dass der Umzug vom Kanzleramt ins Auswärtige Amt für ihn eine Art Heimkehr bedeutete. Fischer hingegen hatte erst einmal einige Freunde aus Frankfurter Sponti-Zeiten bei sich untergebracht und war im Behördenap-parat anfangs durchaus auf Vorbehalte gestoßen.

Dass Steinmeier insgesamt sehr positiv aufgenommen wurde, liegt sicher auch an der Tatsache, dass die meisten höheren Beamten und die Staatssekretäre ihn noch aus seiner Zeit im Kanzleramt kennen, als die Fäden der Schröder'schen Außenpolitik auf seinem Schreibtisch zusammenliefen. Sie können sich sicher sein, dass er über die wesentlichen Themen gut unterrichtet ist, außerdem bereits jetzt exzellent mit den Arbeitsweisen des Hauses vertraut ist. Dass sie es mit einem gewissenhaften Behördenchef zu tun haben, erfahren die Mitarbeiter des Auswärtigen Amtes allerdings schon bei dessen Antrittsrede. Den üblichen Lobreden auf die exzellenten Kollegen im Auswärtigen Amt folgt sogleich eine deutliche Anweisung: Er sei ja zu Recht als «dialogbereiter Mensch» bekannt, so Steinmeier, und werde Widerrede und Gegenargumente jederzeit schätzen. «Aber ich bin auch jemand, der erwartet, dass das, was intern diskutiert und entschieden wurde, auch loyal nach außen vertreten wird. Loyalität ist keine Einbahnstraße. Insofern sage ich in aller Klarheit: Wo immer ich den Eindruck habe, dass es an dieser Loyalität fehlt, werde ich sie mit aller Entschlossenheit einfordern». Dann wird er noch deutlicher: «Wer immer gegen den Grundsatz der Verschwiegenheit verstößt, muss mit Konsequenzen rechnen.» Da spricht noch einmal der Behördenchef, der weiß, dass in der Politik kaum etwas so schnell bestraft wird wie unkontrolliertes Geplapper in der Öffentlichkeit.

Die Kontinuitäten in den außenpolitischen Grundlinien sind allerdings vom ersten Tage an überdeutlich. Das ist wenig verwunderlich, war Steinmeier doch seit dem Kosovokrieg 1999 maßgeblich an allen außenpolitischen Grundsatzentscheidungen der rot-grünen Koalition beteiligt. Die Außenpolitik ist in Deutschland ohnehin ein vergleichsweise befriedetes Terrain. Es sind weniger als ein halbes Dutzend Entscheidungen in der bundesrepublikanischen Geschichte, die polarisiert haben und über die intensiv gestritten wurde: die Westbindung Konrad Adenauers, die Ostpolitik Willy Brandts, die Nachrüstung während der Kanzlerschaft Helmut Schmidts (wo der Konflikt allerdings nicht zwischen den Parteien, sondern innerhalb der SPD stattfand) und dann, schon mit etwas diffuseren Fronten, der Kosovokrieg und schließlich das deutsche Nein zum Irakkrieg. Doch wie die Entscheidungen einmal durchgesetzt waren, da sind auch sie schnell Teil der bundesrepublikanischen Staatsräson geworden. Auch die Entscheidung, mit der Teilnahme am Kosovokrieg der gewachsenen Verantwortung Deutschlands in der Welt gerecht zu werden, hat einen solchen Wendepunkt markiert. Nur mit dem Irakkrieg verhält es sich ein wenig komplizierter. Denn das deutsche «Nein» galt in dieser krassen Form vor allem einer Politik, die mit dem Ende der Ära Bush vorerst Geschichte sein dürfte. Andererseits aber symbolisierte sie auch ganz grundsätzlich, dass das transatlantische Bündnis sich fast zwanzig Jahre nach Ende des Kalten Krieges wohl mit der Tatsache abfinden muss, dass trotz verbliebener Gemeinsamkeiten die Differenzen in Zukunft größer werden dürften.

Da so vieles in der Außenpolitik zur bundesrepublikanischen Staatsräson gehört, ist es nicht ganz leicht auszumachen, ob es so etwas wie eine «Steinmeier-Doktrin» gibt, eine Strategie, die eindeutig seine Handschrift tragen würde. Die tragenden Säulen seiner Außenpolitik sind wohl in der Tat mehr oder weniger Allgemeingut: Die Erweiterung und Vertiefung der Europäischen Union, die steigende Verantwortung Deutschlands in der Welt, die Einsicht, dass sich die globalen Kräfteverhältnisse in einem grundlegenden Wandel befinden, man daher Akteure wie Indien oder China stärker als zuvor einbinden muss. Auch mit seiner wiederholt geäußerten These, dass im Zeitalter der Globalisierung Innen- und Außenpolitik keine scharf getrennten Sphären mehr sind, hat Steinmeier das Rad nicht neu erfunden. Auch er bewegt sich innerhalb des Koordinatensystems, das die deutsche Außenpolitik seit langem bestimmt.

So stößt man, neben manch letztlich substanzlosem und bisweilen auch inszeniertem Streit mit der Kanzlerin, auf leichte Akzentverschiebungen, die der neue Außenminister vorgenommen hat. Lateinamerika und den Maghreb-Staaten widmet er unverkennbar eine stärke Aufmerksamkeit als sein Vorgänger. Die Kulturpolitik hat er ebenfalls stärker in den Mittelpunkt seiner Arbeit gestellt, weitaus stärker jedenfalls als Joschka Fischer, was für einen Grünen-Politiker eigentlich erstaunlich ist. Das mag sicherlich auch daran liegen, dass der finanzielle Spielraum der Bundesrepublik bis zur Finanzkrise im Herbst 2008 vergleichsweise groß gewesen ist. Deutsche Kultureinrichtungen im Ausland zu finanzieren fiel so leichter. Sieht man jedoch, mit welchem Eifer sich Steinmeier auch den Details der Kulturpolitik widmet, dann wird deutlich, dass er darin tatsächlich eine wichtige Komponente seiner Außenpolitik erkennt. Und sichtlich genießt der Vielleser Steinmeier die Begleitung deutscher Schriftsteller und anderer Kulturschaffender auf seinen Auslandsreisen.

Was allerdings unbestreitbar ist, das ist Steinmeiers ausgesprochen nüchterne Analyse der internationalen Beziehungen. Eine der wenigen wesentlichen Differenzen zwischen Merkel und Steinmeier betrifft daher den Umgang mit Russland und China, Staaten, deren politische und ökonomische Bedeutung unbestritten ist, die jedoch nicht gerade den gewünschten demokratischen Standards entsprechen. Es ist letztlich ein Streit um die richtigen Instrumente, nicht die Ziele. Die überragende ökonomische und politische Bedeutung dieser Staaten steht für beide außer Frage, ebenso wie das langfristige Ziel, sie von den Vorzügen freier Gesellschaften zu überzeugen. Steinmeier aber hält wenig davon, ihnen ihre Menschenrechtspolitik öffentlich vorzuhalten, so wie es die Kanzlerin vor allem im Falle Chinas mehrfach getan hat. Seiner Meinung nach erschweren solcherlei Vorhaltungen lediglich den Dialog. Er hält sie für eine «Lautsprecherdiplomatie», der es um die öffentliche Zustimmung, nicht aber wirkliche Veränderung gehe. Die eigenen Ansprüche zu artikulieren sei eine Sache, schreibt er in seinem Buch, «die Kluft zwischen Anspruch und Wirklichkeit zu überbrücken» jedoch viel schwieriger. Steinmeier sagt, es gehe ihm nicht darum, die Bedeutung der Menschenrechte zu relativieren, die zwar einer europäisch-westlichen Tradition entstammen, jedoch auch seiner Ansicht nach universale Gültigkeit beanspruchen können. Die Frage sei vielmehr: Auf welchem Wege will man ihnen auch anderswo Geltung verschaffen? Persönliche Kontakte, konkrete Verbesserungen der Lebenssituationen und kleinere Öffnungen, etwa auf dem kulturellen und auch wissenschaftspolitischen Gebiet – das sei, so sagt er, der richtige Weg.

Am stärksten prägt diese Maxime seine Politik zu Russland. Steinmeier entstaubt dafür die alte Parole von Egon Bahr aus der Zeit von Willy Brandts Ostpolitik und wandelt sie in seinem Sinne um. Bahr hatte für das Verhältnis zwischen beiden deutschen Staaten einst den Begriff «Wandel durch Annäherung» kreiert. Im Hinblick auf Russland sieht Steinmeier die größten Chancen in einem «Wandel durch Verflechtung»: So eng müssten die kulturellen, politischen und wirtschaftlichen Beziehungen Europas zu Russland werden, dass die gemeinsamen Interessen die Unterschiede langsam aufheben. Das ist typisch für Steinmeiers politisches Denken: Man macht eine realistische Analyse der jeweiligen Standpunkte, filtert dann heraus, in welchen Punkten Konsens herzustellen ist, und macht sich schließlich auf den Weg der Umsetzung.

Reichlich unkonkret bleibt das freilich alles. Es mag zwar richtig sein, dass der öffentlichkeitswirksame Appell an die autoritären Regime dieser Welt und ein Treffen mit dem Dalai Lama, wie es die Kanzlerin praktiziert, an den konkreten Verhältnissen wenig ändert. Doch auch für Steinmeiers Ansatz steht der Erfolgsnachweis noch aus. Denn inwiefern – um Steinmeiers Idee ernst zu nehmen – die enge Kooperation deutsch-russischer Unternehmen die russische Zivilgesellschaft stärken soll und damit zur Demokratisierung führt, erklärt sich aus seinen Ausführungen jedenfalls nicht ganz schlüssig. Ebenso wenig ist erwiesen, dass die Förderung von Goethe-Instituten im Ausland nennenswert die Strahlkraft demokratischer Institutionen erhöht. Die Entwicklung der letzten Jahrzehnte deutet eher darauf hin, dass auf ökonomische Öffnungsprozesse nicht zwingend auch politische folgen. Vielen Staaten auf der Welt gelingt es, die westliche Moderne gleichsam zu halbieren: Sie übernehmen deren technologischen Errungenschaften, lehnen kulturelle aber ab.

Allerdings würde auch der Außenminister nicht abstreiten, dass es gerade beim Verhältnis zu Russland ebenso um handfeste ökonomische Fragen geht: Schließlich werden Deutschland und Europa noch lange Zeit auf den Import von russischem Gas und Erdöl angewiesen bleiben. Steinmeier behandelt das Thema Russland offensiv, wenngleich ihm bewusst ist, dass ihn das in einer Hinsicht verwundbar machen kann: Auch in seinem Umfeld sind nicht alle glücklich darüber gewesen, dass Gerhard Schröder relativ rasch nach seinem Ausscheiden aus der Politik beim russischen Energiemonopolisten Gazprom anheuerte. Seitdem wird beim Altbundeskanzler jede Verteidigung der russischen Politik als Eigennutz und Beleg seiner männerbündischen Freundschaft mit Vladimir Putin interpretiert. Und da Steinmeier noch immer auf das Engste mit seinem früheren Vorgesetzten assoziiert wird, werden seine Worte zur Russlandpolitik stets doppelt und dreifach gewogen. Vermutlich kann der Außenminister nicht mehr zählen, wie oft ihm die Frage gestellt wurde, ob auch er Putin für einen «lupenreinen Demokraten» halte. Meistens umschifft er die Frage. Einmal allerdings ließ er sich in einem Interview dann schließlich doch den Satz entlocken, dass es sich bei Russland sicherlich nicht um eine «lupenreine Demokratie» handle. Sogleich hatten die Zeitungen ihre Geschichte und schrieben von den offenkundigen Differenzen und dass Steinmeier sich damit bewusst von der Politik Schröders distanziert habe.

Das sehen beide natürlich gänzlich anders. Angesprochen auf diese mögliche Differenz, kann Gerhard Schröder mit einer interessanten Argumentation aufwarten: Er habe ja ebenfalls nie von einer «lupenreinen Demokratie» gesprochen, sondern sich auf Putin als «lupenreinen Demokraten» bezogen. Das müsse man doch wohl noch trennen dürfen, findet der Altbundeskanzler – das politische System und die Gesinnung eines Einzelnen. Dass es in Russland noch allerlei Defizite gebe, bestreite ja niemand, doch das ändere seiner Ansicht nach nichts an der Einschätzung der Person Putins. Folgt man Schröders Urteil, dann muss man sich den Herrscher im Kreml als unglücklichen Menschen vorstellen, der sich gezwungen sieht, entgegen seiner demokratischen Gesinnung ein paar hundert Demonstranten der Opposition auf dem Roten Platz verprügeln und festnehmen zu lassen, weil sein Land für solcherlei Meinungsäußerung einfach noch nicht reif ist.

Obgleich Steinmeier seine Haltung zu Russland nicht wesentlich verändert hat, ist er doch unverkennbar etwas vorsichtiger damit geworden, die «neue Ostpolitik» allzu offensiv zum Markenzeichen seiner Politik zu machen – was vielerlei gute Gründe hat. Zum einen hat der Krieg gegen Georgien dem Ansehen Russlands in Europa unverkennbar sehr geschadet. So übertrieben es auch ist, einen neuen Kalten Krieg heraufziehen zu sehen und die Politik des Kremls mit dem aggressiven Expansionsstreben der sowjetischen Machthaber zu vergleichen: Die Zweifel an der Außenpolitik Moskaus sind gewachsen, vielleicht auch bei Steinmeier selbst, und schränken somit seinen Handlungsspielraum ein. Auf der anderen

Seite bemüht sich Steinmeier um eine enge Beziehung zu der neuen amerikanischen Regierung. Beim jüngst vereidigten Präsidenten Barack Obama gerät selbst der nüchterne Außenminister ins Schwärmen. Er hat sich schon während des Wahlkampfes als einer seiner zahlreichen Anhänger zu verstehen gegeben. So scheinen entscheidende Szenen aus Schröders Kanzlerschaft doch sehr weit weg: Es ist wohl nachgerade unvorstellbar, dass Steinmeier in einer Konfliktsituation mit den USA – die auch in Zukunft immer wieder entstehen mag – den engen Schulterschluss mit Russland suchen könnte, so wie es Schröder im Vorfeld des Irakkrieges versucht hat. Mit dem Amtswechsel in Washington haben sich auch andere Koordinaten deutscher Außenpolitik abermals verschoben.

Ansonsten hat Steinmeier schnell die Erfahrung seiner Amtsvorgänger gemacht: dass die Vermittlungsleistung eines deutschen Außenministers, der ja keine Weltmacht vertritt, fast überall auf der Welt gefragt ist. Eigentlich wurde bei seinem Amtsantritt erwartet, dass er sich stark auf die Europapolitik konzentrieren würde, und dies nicht nur, weil er mit diesen Themen im Kanzleramt ganz hauptsächlich betraut war. Mit ihrer besonderen Verschränkung von Innen- und Außenpolitik schien die Brüsseler Konsens- und Kompromisswelt wie geschaffen für ihn. Doch sehr schnell hat Steinmeier sich den Regionen zugewendet, die akut diplomatischer Vermittlung bedürfen, etwa wie der Nahe Osten. Steinmeier tritt nicht nur für die Intensivierung des Dialogs mit dem Iran ein. Sein ambitioniertestes Projekt ist fraglos der Versuch, Syrien, von der Bush-Regierung noch zur «Achse des Bösen» gezählt, für einen Friedensprozess wieder mit ins Boot zu holen. Einfach ist das freilich nicht und in vielerlei Hinsicht ein diplomatischer Drahtseilakt. Die erste geplante Begegnung scheitert noch. Steinmeier befindet sich Mitte August 2006 bereits auf dem Weg nach Damaskus, als ihm im Flugzeug die Information erreicht, dass der syrische Präsident Baschar al-Assad eine Rede gehalten hat, in der er von der Ehre spricht, die es Syrien bedeute, die Hisbollah zu unterstützen, und in der er Israel einen Feind nennt, mit dem es niemals Frieden geben könne. Steinmeier lässt den Flieger auf halbem Wege umkehren. Es ist die vielleicht einzige spektakuläre Handlung seiner bisherigen Amtszeit. Er hat sich danach dennoch bemüht, die Fäden wieder aufzunehmen. Bei Verhandlungen mit den autoritären Regimes dieser Welt zeigt sich sein Verhandlungsgeschick ohnehin am stärksten. Denn wer in Interessenlagen so nüchtern denkt wie er, mit einem scharfen Blick für schmale Handlungskorridore auch in verfahrenen Situationen, der kann auch die aussichtslosesten Dilemmata noch in halbwegs geordnete Prozesse überführen, um dann, wie es Bernd Ullrich in der «ZEIT» formuliert, «menschliche Widersprüche und übergriffige Russen oder Iraner in Gespräche, Verträge und

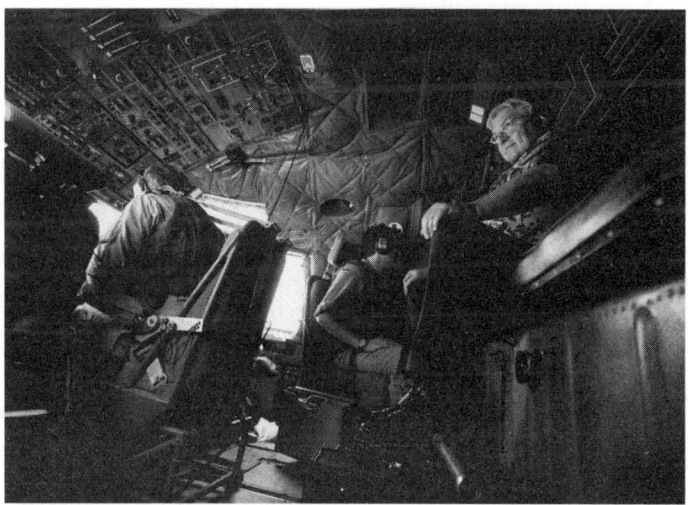

Diplomatie in den Krisenregionen der Welt: Der Bundesaußenminister Frank-Walter Steinmeier mit einer Transall C 160 der Bundeswehr auf dem Weg nach Afghanistan.

Roadmaps zu verwickeln». Seine Geduld ist dabei oft genug gefordert. Bei einem seiner zahlreichen Aufenthalte in Zentralasien, einer wichtigen Region für seine «Energieaußenpolitik», erklärt er dem kirgisischen Staatspräsidenten angesichts der Demonstranten vor dem Präsidentenpalast in ruhigen und gesetzten Worten, warum Demokratie zwar manchmal ganz schön anstrengend werden könne, letztlich aber eine lohnenswerte Sache sei.

Steinmeiers diplomatisches Geschick ist unverkennbar, auch durch seine vorherige Tätigkeit kommt er der Idealbesetzung eines Außenministers sehr nahe. Einen Platz in den Geschichtsbüchern hat er sich hingegen noch nicht gesichert, dafür fehlt bisher dann doch das große Thema, dem er seinen Stempel aufgedrückt hätte, oder die große Krise, in der er sich zu bewähren gehabt hätte. Steinmeier hat die Grundpfeiler einer insgesamt sehr kontinuierlichen Außenpolitik nicht in Frage gestellt. Es ist auch kaum erkennbar, dass es mit Angela Merkel abseits kleiner Nickeligkeiten wesentliche Auffassungsunterschiede gegeben hat. Gewiss, als der amerikanische Präsident noch George W. Bush hieß, ist schon spürbar gewesen, dass ihr Amerika-Bild ein gänzlich anderes ist. Für die DDR-Bürgerin Merkel bleiben die USA trotz mancher Verfehlungen die Schutzmacht von Freiheit und Demokratie. Steinmeier, in dieser Hinsicht ganz anders sozialisiert, sieht vielleicht stärker die historischen Defizite Amerikas, die nicht erst mit dem Irak-Desaster beginnen. Doch darüber hinaus?

Den Kanzlerkandidaten Steinmeier würde es allerdings ohne den Außenminister Steinmeier nicht geben. Da in der Außenpolitik derzeit der bundesrepublikanische Normalzustand herrscht, nämlich keinerlei Polarisierung zu beobachten ist, hat Steinmeier wie andere Außenminister vor ihm eine fast schon präsidiale Rolle für die Deutschen eingenommen. Wer will ihm widersprechen, wenn er an die Vernunft aller Beteiligten im Nahostkonflikt appelliert, den Wiederaufbau in Afghanistan lobt und von den Vorzügen der EU-Erweiterung schwärmt? Da macht es auch nichts, wenn er seine Aussagen vor den Kameras anfangs noch in unzähligen Nebensätzen verschachtelt, so dass man daraus kaum eine fünfsekundige Einspielung für die «Tagesschau» schneiden kann. Doch er klingt stets sehr beruhigend und vernünftig und er spricht von Dingen, die so komplex erscheinen, dass man sie gerne jemandem anvertraut, der sich mit der Materie offenkundig bestens auskennt. Es ist eine merkwürdige Mischung aus Präzision und Unschärfe, die Steinmeiers Worte begleiten, er webt harmonische Klangteppiche, die beim ersten Hören nach großer Bestimmtheit klingen – und doch fällt es schwer, sich an irgendeinen Satz von ihm zu erinnern. Das liegt nicht nur an ihm selbst; in den internationalen Beziehungen sind die Sprachregeln so hochgradig formalisiert wie nirgendwo sonst. Steinmeier ist sich dessen selbst bewusst, leidet auch ein wenig darunter, dass die Probleme in Wahrheit viel zu komplex sind, als dass man sie in kurzen Statements unterbringen könnte. So bleibt ihm oft nur, jene Sätze zu vermeiden, die irgendwo auf der Welt missverständlich aufgenommen werden könnten, und solche zu sagen, die auch am nächsten Tag noch gelten – und ansonsten den diplomatischen Gepflogenheiten zu folgen und irgendwie den Eindruck zu erwecken, dass er die Lage halbwegs unter Kontrolle habe.

So wird Frank-Walter Steinmeier, der Mann mit der nachdenklichen Pose und einem häufig ironischen Schmunzeln im Gesicht, der oft merkwürdig lange Pausen macht, wenn er spricht, und der die Öffentlichkeit niemals gesucht hat, zu einem der populärsten Politiker des Landes. Während das passiert, schlittert seine Partei in ihre vielleicht tiefste Krise.

6. Der Weg zum Kanzlerkandidaten

Wann beginnt die Entwicklung, an deren überraschendem Ende Frank-Walter Steinmeier Kanzlerkandidat der SPD ist? Sie beginnt, und das ist ein bekanntes Muster in seinem Leben, mit dem Abstieg der anderen. Franz Müntefering, Matthias Platzeck, Kurt Beck – das ist die Liste der Parteivorsitzenden, die in den Jahren 2005 bis 2008, als aus einem politischen Spitzenbeamten die letzte Hoffnung der SPD wird, den Bettel hinschmeißen. Sie alle hätten naturgemäß das erste Zugriffsrecht auf die Kanzlerkandidatur gehabt. Und die Art und Weise, wie sie nachgerade erleichtert aus dem Vorsitz geflüchtet sind, war ein Alarmsignal, dass die Probleme der SPD auch nach 2005 nicht geringer werden sollten.

Der Erste, der den Reigen eröffnet, ist Franz Müntefering. Er, dem es doch angeblich stets nur um die Sache und nie um Personen geht, tritt zurück, weil er seinen engsten Vertrauen, Kajo Wasserhövel, nicht als Generalsekretär durchsetzen kann. Müntefering hat zu dieser Zeit wohl schon zu lange die Rolle des Zuchtmeisters inne. Denn in den Tagen vor seiner Entscheidung für Wasserhövel hält er es kaum für notwendig, sich abzusichern und um die notwendige Zustimmung zu werben. Als ihm die erweiterte Parteiführung die für ihn selbstverständliche Solidarität versagt, legt er nur wenige Wochen nach der Bundestagswahl 2005 das Amt nieder, das er einst als das schönste nach dem des Papstes bezeichnet hat. Er kehrt gut drei Jahre später zwar zurück, doch da ist die Frage der Kanzlerkandidatur schon entschieden.

Danach ist Matthias Platzeck an der Reihe. Der brandenburgische Ministerpräsident gilt in der Nach-Schröder-SPD als der große Hoffnungsträger. Es ist allerdings nicht mehr allzu schwer, im Jahre 2005 zu einem solchen zu avancieren: Zusammen mit Kurt Beck, der schnell abwinkt, und Harald Ringstorff in Mecklenburg-Vorpommern ist er einer von nur noch drei SPD-Ministerpräsidenten in einem der Flächenstaaten der Bundesrepublik. Das politische Berlin ist nachgerade entzückt von ihm, denn Platzeck drückt sich gewählt aus, verströmt Sensibilität und Nachdenklichkeit. Und in seinem Talent, anderen das Gefühl zu geben, gerade ihnen mit besonderem Interesse zuzuhören, steht er selbst Steinmeier nicht nach. Nach der burschikosen, zuweilen brachialen Art, mit der erst Schröder und dann Müntefering die Partei geführt haben, wirkt das auf viele wohltuend. Für ein paar Wochen verkörpert Platzeck für die Sozialdemokraten tatsächlich das Versprechen auf bessere Zeiten. Nach seiner Wahl hält er eine vielumjubelte Rede, und in einem unfreiwillig komischen Auftritt entfährt es dem SPD-Generalsekretär Hubertus Heil im Überschwang der Gefühle: «Wir brauchen keinen Messias, wir haben ein Matthias.»

Platzeck ist in der Tat kein Messias, sondern nur eine 146 Tage während Episode. Denn bald schon erinnert sein diskursiver Führungsstil viele Sozialdemokraten an den früheren Parteivorsitzenden Björn Engholm, auch der ein sympathischer, sensibler, kluger Mann, der am Ende aber als kraftloser Schöngeist galt und sich auf die Moderation zwischen den Parteiflügeln beschränkte. Inhaltlich völlig unvorbereitet, so wird es bald kolportiert, erscheint Platzeck angeblich auf wichtigen Sitzungen des Parteivorstandes. Mit der akribischen Vorbereitung auf seine Arbeit, heißt es, nehme er es nicht so genau. Der Stress aufgrund der Doppelbelastung als Ministerpräsident und Parteivorsitzender setzt ihm gesundheitlich sehr zu. Nach einem Hörsturz im April 2006 erklärt er seinen Rücktritt. Sicherlich ungerecht und nicht ohne Sarkasmus erinnern manche an den ersten SPD-Vorsitzenden nach dem Zweiten Weltkrieg: Kurt Schumacher, an Arm und Bein amputiert und gepeinigt von furchtbaren Schmerzen, führte die Partei 6 Jahre lang und verstarb in seinem Amt. Es sind andere Zeiten.

Und dann schließlich Kurt Beck. Euphorische Erwartungen wie bei Platzeck produziert seine Inthronisierung zwar nicht. Doch immerhin ist die Übernahme des Parteivorsitzes durch Beck eine Entscheidung von fast schon zwingender Logik. Anders als Platzeck kennt er das Innenleben der Partei exzellent, weiß um all die Neurosen und Befindlichkeiten. Vor allem aber ist er ein gestandener, starker Ministerpräsident. Beck hat in Rheinland-Pfalz, immerhin die Heimat Helmut Kohls, drei Landtagswahlen für die SPD gewonnen, beim letzten Mal sogar mit absoluter Mehrheit. Davon kann die SPD andernorts nur träumen. Er wirkt integrierend, verkörpert noch ein Stück weit die Kleine-Leute-SPD und im Vergleich mit manch anderen, die in den letzten zwanzig Jahren die Partei August Bebels anführten, ist er sogar ein halbwegs passabler Redner.

Zu Münteferings und Platzecks Zeiten spielt Steinmeier im inneren Machtgefüge der SPD noch keine Rolle. Doch unter Kurt Beck ist das anders – auch wenn er zunächst abermals nur die Hintergrundfigur in einem zähen Drama gibt. Wann immer Beck in Schwierigkeiten gerät, beginnen automatisch Spekulationen um die Kanzlerkandidatur Steinmeiers. Zwischen April 2006 und Sommer 2008 wird man dieses Spiel einige Male beobachten können: Ist der Pfälzer in der Baisse, steigen automatisch die Aktien des Ostwestfalen. Die Relationen zwischen den beiden werden also von den Gesetzen des Nullsummenspiels bestimmt: Verliert der eine, gewinnt der andere. Nach dieser Logik wird auch klar, warum Beck Steinmeier nicht gewinnen lassen konnte, ohne selbst dabei sein

Gesicht zu verlieren. Die Rollenzuschreibung der Medien hätte eine andere Dramaturgie wohl nicht zugelassen.

Nun muss man mediale Aufmerksamkeitszyklen solcher Art nicht automatisch zum entscheidenden Erfolgskriterium machen. Es hat Zeiten gegeben, in denen Politiker noch über Loyalitätsreserven verfügten, die sie auch eine schlechte Presse überstehen ließen – und Beck sollte bald eine sehr schlechte Presse bekommen. Mehr als zehn Jahre lang haben die Journalisten den SPD-Vorsitzenden der 1950er Jahre Erich Ollenhauer als einfältigen, skatspielenden Tölpel karikiert. Doch er blieb neben Willy Brandt der Parteivorsitzende mit der längsten Amtszeit. Auch Kurt Becks Image als Waldschrat aus der pfälzischen Provinz, das ihm bald anhängt, muss also kein Nachteil sein. Derlei Boshaftigkeiten hat Helmut Kohl zwanzig Jahre lang ertragen – und die Partei trug ihn mit. Kurz gesagt: Wo das Selbstwertgefühl einer Partei noch intakt ist, wo sie ein autonomes Eigenleben besitzt und ein verlässlicher Parteiethos existiert, da muss das mediale Bild des Vorsitzenden nicht die entscheidende Rolle spielen. Doch all diese Resistenzkräfte sind der SPD Anfang des neuen Jahrtausends längst verloren gegangen; sie hat schlicht keinen mentalen Rückzugsort mehr, der sie gegen die Stimmungsausschläge der Mediengesellschaft immun macht. So sind es in der Tat die Medien und das Hintergrundrauschen der Dauer-Demoskopie, die Steinmeier rasch nach oben katapultieren. Denn die Umfragen sind mau – Steinmeiers Popularität aber ist beeindruckend. Daraus folgt eine scheinbar simple Gleichung, und der Abstieg der SPD verschmilzt mit dem Aufstieg des Frank-Walter Steinmeier.

Dabei macht Kurt Beck beileibe nicht alles falsch. In den ersten Monaten seiner Amtszeit – auch das ist heute weitgehend verdrängt – liegt die SPD in den Umfragen mit der Union fast gleichauf, im Oktober 2006 führt sie mit 3 Prozentpunkten. Becks Strategie für die Partei ist auf den ersten Blick durchaus einleuchtend: Auch der rheinland-pfälzische Ministerpräsident will die Reformen der Regierung Schröder nicht zurückdrehen. Er weiß, dass es mittlerweile kein Zurück mehr in die Vor-Agenda-SPD gibt, da man sich nicht einfach von der Politik der letzten Jahre distanzieren kann. Und ihm ist bewusst, dass eine Partei, die auch weiterhin in der Regierung ist, keinesfalls in eine Oppositionsmentalität zurückfallen darf. Aber Beck sieht eben auch sehr klar, dass die Agenda die Partei fast zerrissen hat und er als Vorsitzender die Wunden der letzten acht Jahre heilen muss.

Dies ist freilich eine Aufgabe, die zu diesem Zeitpunkt kaum zu bewältigen ist. Da ist nicht nur der Spagat zwischen den beiden Parteiflügeln, den Beck hinbekommen muss. Er muss jene Sozialdemokraten zufrieden stellen, die sich als Gralshüter des Schröder'schen Reformwerkes verstehen, und jene, die damit am liebsten brechen würden. Beck hat es zudem mit einer Kanzlerin zu tun, die der SPD kaum Luft zum Atmen lässt, weil sie sich der sozialdemokratischen Programmatik großzügig bedient. Die Zeiten des Neoliberalismus gehen langsam dem Ende zu. Die Kanzlerin hat das am eigenen Leib gespürt, als die Beschlüsse des Leipziger Parteitages der CDU von Ende 2003 mit ihrem Loblied auf freie Märkte, Deregulierung und mehr Eigenverantwortung des Einzelnen sie zwei Jahre später fast die Kanzlerschaft gekostet haben. Fortan ist sie auf das Peinlichste bemüht, ja keine Angriffsfläche mehr zu bieten, und geht reihenweise auf die Forderungen der Sozialdemokraten ein, viel mehr noch: macht sie sich häufig selbst zu eigen. Dass sie damit langfristig einen ganz ähnlichen Identitätsverlust in ihrer eigenen Partei riskiert wie ihr Vorgänger im Kanzleramt, kümmert sie erst einmal nicht. Denn offenkundig schadet diese Strategie den Sozialdemokraten mehr als ihrer eigenen Partei, und sie selbst installiert damit einen präsidialen Führungsstil, wie ihn sich Gerhard Schröder wohl erträumt hätte.

Kurz gesagt: Überall dort, wo die SPD ihr Profil als Partei der sozialen Gerechtigkeit schärfen könnte – da steht auch schon die Kanzlerin. So bleibt der SPD die Profilierung versagt, weswegen sie in dieser Koalition keine Erleichterung findet. Man mag das für höchst ungerecht halten, da sich überzeugend argumentieren lässt, dass es in Deutschland in den Jahren dieser Großen Koalition alles in allem recht sozialdemokratisch zuging: Doch der SPD hat es wenig genutzt und den rasanten Schwund weder ihrer Wähler- noch ihrer Mitgliedschaft aufgehalten. Die Politik ist eben ein ganz eigenes Spielfeld mit durchaus seltsamen und unberechenbaren Regeln, auf dem die Erfolgskriterien gar nicht exakt zu benennen sind. Am besten beschreibt die Realität vielleicht, was der Soziologe Rainer Paris als das «geregelte Getümmel» der Politik bezeichnet: ein riesiges Spielfeld, worauf verschiedene Mannschaften in unterschiedlicher Größe und Stärke bunt gegeneinander antreten und sich auch nach Anpfiff über die Aufstellung und Hackordnung innerhalb der eigenen Mannschaft zanken. «Es stehen auch Tore herum, in die die verschiedenen Mannschaften hin und wider hineintreffen, doch die Anzahl der Tore entscheidet nicht über den Ausgang des Spiels. Wer am Ende tatsächlich gewonnen oder verloren hat, darüber befinden nach Spielschluss die vielen Zehntausende von Zuschauern, die natürlich die ganze Zeit über alles andere als neutral sind, im gewaltigen Stadionrund per Abstimmungsvotum und Akklamation.»

In der SPD schießt man allerdings, nachdem man mit Kurt Beck zunächst gut ins Spiel gefunden hat, bald schon bevorzugt in das eigene Tor – was die Zuschauer nicht besonders goutieren. Das ist nicht allein Becks Schuld, aber er trägt seinen Teil dazu bei. Er bemüht sich zwar, so häufig wie möglich in Berlin zu sein, aber natürlich bleibt seine mangelnde Präsenz ein Problem. Und sie wird es vor allem deswegen, weil er es versäumt oder für unnötig befunden hat, seine eigenen Leute in der Parteizentrale zu platzieren. Beck hält stattdessen an den Leuten fest, die Franz Müntefering oder Matthias Platzeck im Willy-Brandt-Haus installiert haben. Das zeugt zwar von Vertrauen, ist aber auch naiv. Die Parteizentrale in Berlin ist nicht die rheinland-pfälzische SPD, die er aus seiner Mainzer Staatskanzlei heraus dirigiert. Im Willy-Brandt-Haus sitzen rund 140 Mitarbeiter, nicht wenige reden täglich mit Journalisten. Sie haben ganz unterschiedliche Loyalitäten, sind die Diener vieler Herren. Nicht einmal für die eminent wichtige Position des Büroleiters hat Beck es für nötig befunden, einen Mann seines eigenen Vertrauens auszuwählen. Und so läuft ihm schon bald vieles aus dem Ruder, ist die Abstimmung und Koordination zwischen den Führungsfiguren der SPD denkbar schlecht, die Kakophonie groß. Das gilt vor allem für das Verhältnis zwischen Beck und dem Arbeits- und Sozialminister Franz Müntefering, der glaubt, dass seinem Nachfolger so ziemlich alles abgeht, was man braucht, um eine große Partei zu führen. Beck und Müntefering mögen sich nicht, und sie reden auch nicht sehr viel miteinander. Bei einer entscheidenden Frage setzt sich Beck allerdings tatsächlich gegen den Vorgänger durch: Auf dem Hamburger Parteitag im Oktober 2007 gewinnt er die Mehrheit der Delegierten dafür, das Arbeitslosengeld I zu verlängern – gegen die ausdrückliche Empfehlung des zuständigen Ressortchefs Müntefering. Der fühlt sich düpiert, zutiefst gedemütigt gar, und in den Tagen nach der Entscheidung steht in den Zeitungen, dass Becks Position nun unangreifbar stark, die Zeit des letzten großen Sozialdemokraten Müntefering aber wohl abgelaufen sei. In der Tat erwägt Müntefering schon seit geraumer Zeit einen Abschied, zumindest eine Auszeit von der Politik. Seine Frau Ankepetra ist schwer erkrankt. Wenige Wochen später tritt er als Minister zurück. Doch Müntefering wird wiederkommen.

Der Hamburger Parteitag bedeutet noch einmal einen Erfolg für Kurt Beck. Es wird sein vorerst letzter sein. Danach brechen so viele Ereignisse über ihn und die SPD herein, dass es schwer ist, den Überblick zu behalten. Nur eines scheint eindeutig: Der SPD-Vorsitzende steht vor vielen schweren Entscheidungen, und zumeist entscheidet er unglücklich. Erst lobt er den amtierenden Bundespräsidenten Horst Köhler, gibt dann aber dem Drängen des linken Parteiflügels nach, mit Gesine Schwan eine eigene Kandidatin zu nominieren. Aber seinen Genickbruch bringt zweifelsohne der Zickzackkurs, den Beck in Hessen fährt. Erst lehnt er Bündnisse zwischen SPD und Linkspartei brüsk ab – kapituliert dann aber vor dem unbedingten Machtwillen der Andrea Ypsilanti. Er kann Ypsilantis Koalitionsversuche wohl ohnehin nicht verhindern, doch weil er ihr seinen Segen gibt, wird ihr Scheitern auch zu seinem.

Man würde gern etwas dazu schreiben, welche Rolle Steinmeier bei alledem eigentlich spielt. Allein: Sehr groß ist diese Rolle nie gewesen. Er taucht nur sporadisch auf dem Spielfeld auf. Das mag zunächst noch sehr verständlich sein, denn Steinmeier ist ja nur Außenminister. Er verfügt weder über irgendein Parteiamt, noch besitzt er ein Bundestagsmandat. Wo er inhaltlich steht, ist hingegen kein Geheimnis: Steinmeier gehört natürlich zu den hartnäckigsten Verteidigern der Agenda. Er hat sie schließlich in weiten Teilen entworfen. Im September 2007 bringt er gemeinsam mit Steinbrück und Platzeck ein Buch heraus. In «Auf der Höhe der Zeit» steht eigentlich nicht viel Spektakuläres: Die Autoren wollen den Reformkurs fortsetzen, mahnen gar noch zu mutigeren Schritten für die Zukunft. Gerade für Letzteres, bisweilen formuliert in einem schroffen Überredungsstil, ernten sie jedoch einen regelrechten Proteststurm innerhalb der Partei. Auch Kurt Beck hält das Werk für keinen gelungenen Beitrag zur inneren Balance der SPD und grollt vernehmlich. Doch Steinmeier trifft die Wut weniger, denn zum Glück zieht vor allem der Finanzminister Peer Steinbrück den Unmut auf sich. Bei der Buchvorstellung vergleicht er den inneren Zustand der SPD mit einem Sofa, das nach vielen Jahren schon nach seinem Besitzer riecht, an dem dieser aber trotz diverser Rotweinflecken und Katzenfusseln leider weiterhin furchtbar hänge. «Ein neues Sofa muss her», befindet der Finanzminister.

Der ganze Vorgang belegt, dass die Agenda-Politiker zumindest für eine Fortsetzung ihres Kurses keine Mehrheit mehr besitzen. Vielleicht ist Steinmeier der Schreck dermaßen in die Glieder gefahren, dass er sich aus innerparteilichen Querelen fortan lieber heraushält. Dabei wird er einen Monat nach dieser Publikation stellvertretener Parteivorsitzender. Kurt Beck will Stärke demonstrieren und schlägt ihn neben Andrea Nahles und Peer Steinbrück als seinen Stellvertreter vor. Und einige Wochen später wird er nach Münteferings Rückzug aus dem Kabinett auch noch Vizekanzler der Großen Koalition und verantwortet fortan die Abstimmung der sozialdemokratischen Minister. Das mediale Hintergrundrauschen wird noch lauter, nun kursiert sein Name ständig durch die Leitartikel zur möglichen Kanzlerkandidatur zum Leidwesen der SPD – und doch: Als die SPD in den Folgemonaten im Chaos versinkt, ist von ihm zu alledem kaum etwas zu vernehmen. So steht er auch während des Hessen-Debakels, wie es der Politikwissenschaftler Franz Walter formuliert, «merkwürdig unentschlossen im Off». Man weiß auch nicht recht, ob Steinmeier die Spekulationen um die Kanzlerkandidatur eher mit Wohlgefallen oder mit Ärgernis registriert. Bis 2006 ist sein Dementi noch hart gewesen: Er wisse, was er könne und was er nicht könne, wiederholt er. Klarer kann man die eigenen Ambitionen nicht eingrenzen, und unter normalen Bedingungen hätte eine solche Demonstration fehlenden Machtwillens jegliche Diskussionen ausgeschlossen. Doch die Zeiten sind für die SPD nicht normal. Beck befindet sich im Untergang und scheint die ganze SPD mit sich zu ziehen. Und da sich sonst niemand ernsthaft zu Spekulationen anbietet, geht das Fragespiel munter weiter. Steinmeier wiegelt weiter ab, mithilfe der üblichen Floskeln, freilich mit besonderer Disziplin und Ausdauer: Dass Kurt Beck ein starker Parteivorsitzender sei, sagt er, und die Frage generell unsinnig und verfrüht, denn es gehe ja in der Politik nicht um Personalentscheidungen, sondern um die Sache.

So hält er sich äußerst bedeckt, zu den eigenen Ambitionen sowieso, aber auch zum politischen Kurs Kurt Becks. In offiziellen und inoffiziellen Gesprächen unter Spitzengenossen, so heißt es, mahnt er bisweilen, gibt zu bedenken, stellt kritische Nachfragen. Öffentlich jedoch ist kaum etwas von ihm zu vernehmen. Frank-Walter Steinmeiers Verhalten wirkt in diesen Monaten loyal. Das ist vielleicht sehr anständig, gebiert mit der Zeit aber auch seltsame und absurde Sprachverrenkungen. Denn jedermann weiß, dass er Ypsilantis Kurs in Hessen für eine Harakiri-Aktion hält, ebenso wie die Idee, Gesine Schwan womöglich mit den Stimmen der Linkspartei zur Bundespräsidentin zu wählen.

Doch vermutlich ist seine Passivität von allen möglichen Handlungsalternativen noch immer die beste. Was gibt es bei all den Querelen schon zu gewinnen? Was etwa soll ein Machtwort an die hessische SPD nutzen, die in Berlin viele für eine Horde unkontrollierbarer Verrückter halten? Auch Beck weiß das und versucht sich deshalb auch gar nicht erst an einem solchen Machtwort. Steinmeier hat abgewartet, und Abwarten, das ist eine in der Politik unterschätzte Eigenschaft von wachsender Bedeutung. Die Erfolgspolitiker der 1980er und

1990er Jahre, die Schröders, Lafontaines und Möllemanns, waren noch mit der Methode der gezielten Provokation aufgestiegen, positionierten sich gegen ihre eigenen Parteivorsitzenden und fanden so mediale Beachtung. Doch mittlerweile ist diese Methode nicht nur deswegen fragwürdig geworden, weil die Medien auf diese Art der Selbstdarstellung entweder gelangweilt oder mit Häme und Spott reagieren.

Und: Welche gesteigerte Aufmerksamkeit kann in der Ära Beck schon erzielen, wer gegen die Parteilinie verstößt? Es reden ohnehin alle durcheinander, und was die Parteilinie ist, das scheint auch nicht so recht klar. Provozieren kann man nur gegen Autoritäten, so hatten es auch Lafontaine und Schröder stets gehalten. Die SPD aber hat seit langem keine Autorität mehr. Steinmeier also schweigt. Und gewinnt paradoxerweise zusätzliche Aufmerksamkeit: Die Exegese dieses Schweigens finden die Journalisten mit der Zeit interessanter als die unendlichen Kabalen in der SPD.

So scheint die deutsche Sozialdemokratie spätestens im Frühjahr 2008 in Trümmern zu liegen. Dass es so nicht weitergehen kann, wird jetzt auch jenen klar, die Beck noch stützen, etwa die Partei-Linke um Andrea Nahles. Niemand wäre wohl vor dem Jahr 2007 auf die Idee gekommen, Beck das Etikett «links» anzuheften. In Rheinland-Pfalz führt er eine Koalition mit der FDP an und die Agenda hat er zwar in einzelnen Punkten für sozial unausgewogen gehalten, sie im Kern jedoch für sinnvoll erachtet und selbstverständlich mitgetragen. Für die Gruppe um Nahles aber ist Beck das kleinere Übel, denn da aus ihren Reihen noch niemand weit genug ist, selbst die Gallionsfigur zu geben, wissen sie, dass die Wahrscheinlichkeit groß ist, dass es nach ihm noch weitaus schlimmer kommen kann. Der Pfälzer ist für sie der Damm, der keinesfalls brechen darf, daher stützen sie ihn. Sie wissen, dass er viele ihrer Ideen für Kokolores hält, er aber anderseits die Zeit der Zumutungen für vorerst beendet erklärt; «Immer mal langsam mit de Leut!», pflegt der Pfälzer dazu zu sagen. Und Beck sucht seinerseits den Rückhalt der Parteilinken, weil sein Misstrauen gegenüber Steinmeier und Peer Steinbrück zunehmend wächst, und er sich nicht sicher sein kann, was in Berlin unter der Woche besprochen wird, wenn er sich in Mainz befindet.

Ist dieses Misstrauen gerechtfertigt? Zwar erlegt sich Steinmeier nach außen hin die größtmögliche Zurückhaltung auf, kein öffentliches Wort der Kritik am Führungsstil seines Vorsitzenden kommt ihm über die Lippen. Doch wer mit Menschen in seinem Umfeld spricht, der merkt, dass es mit dem Respekt für Beck nicht weit her ist. Beck habe keine Ahnung davon, wie die Politik in Berlin nun einmal funktioniert, hört man dann, vor der bösen Hauptstadt habe er sich gefürchtet und daher eine regelrechte Paranoia entwickelt. Fast noch schriller aber stufen sie sein Umfeld ein. Dass der Wahlkampf aus der Mainzer Staatskanzlei geführt werden könnte, halten sie für einen schlechten Witz. Gänzlich falsch sind Becks spätere Vorwürfe daher nicht, dass die aus seiner Sicht versnobten Strippenzieher der Berliner Politik, die «Büchsenspanner», wie er sie später bitterlich tituliert, ihn nie als einen der Ihren akzeptierten. Er besitzt nicht jenen Habitus ostentativer Bedachtsamkeit und Präzision, der all den Berliner Referenten, Büroleitern, Abteilungsleitern in den Ministerien und mittlerweile auch vielen Politikern selbst zu eigen ist, die damit signalisieren, dass im Auge des Taifuns Windstille herrscht. Beck ist nicht cool, sondern laut und impulsiv, das kann ein bisschen peinlich sein, wenn man sich im «Café Einstein» in gedämpfter Atmosphäre bei einem leckeren Frühstück zum morgendlichen Sondierungsgespräch trifft. Die Berliner Politikmenschen haben tatsächlich jenes Bild von ihm, das mittlerweile auch in keinem Zeitungsartikel mehr fehlen darf: Ein tapsiger Problembär aus der Provinz, der sich nach Berlin nur verlaufen hat. Natürlich darf die Frage erlaubt sein, ob jemand, der nur sehr gebrochen Englisch spricht und seinen Heimatort niemals verlassen hat, tatsächlich ein 82-Millionen-Volk in die globale Wissensgesellschaft führen kann. Aber der Grad an Boshaftigkeit, der Beck entgegenschlägt, ist schon atemberaubend, wenn auch bisweilen köstlich zu lesen, so wie bei Christoph Schwennicke im «Spiegel», der Beck in einem pfälzischen Weindorf beim Verzehr von Schweineschnauzen beobachtet: «Wer Beck noch nie in heller Freude gesehen hat, muss ihn sich vor einer Schüssel voller Schweineschnauzen vorstellen. ‹Schnüffel›, ruft er, fündig geworden, während er eine wabbelnde, zerschnittene Schweinenase auf seinen Teller hievt, das sei das Beste an der Wutz, wenn sie gut gemacht ist. Nicht zu weich und nicht zu hart dürfen ‹de Schnüffel› sein, eben genau richtig. Dabei macht er mit gestrecktem Zeige- und Mittelfinger eine Handbewegung in Richtung seiner Nasenlöcher, so wie man einen Stecker in die Steckdose steckt.»

Es ist kaum zu übersehen, dass bei der Berichterstattung über Beck und Steinmeier auch mit zweierlei Maß gemessen wird. Deutlich wird das vor allem, als Steinmeier anfängt, auch ganz traditionelle Politikerbilder zu produzieren. Diese Phase beginnt spätestens im Sommer 2007, als er sich bemüht, ein eigenes Bundestagsmandat für die Wahl in zwei Jahren zu erlangen: im Wahlkreis Brandenburg-Havel und auf Vermittlung Matthias Platzecks. Ein sicherer Wahlkreis für die SPD ist ihm da zugeschanzt worden, und die amtierende Bundestagsabgeordnete Margrit Spielmann will sich ohnehin zurückziehen. Außerdem liegt er – für den vielbeschäftigten Außenminister ein gutes Argument – nicht einmal eine Autostunde von Berlin entfernt. So wird er eines von 16 Mitgliedern des SPD-Ortsvereins Kirchmöser/Plaue.

Im Sommer 2007 und im Sommer 2008 macht Steinmeier

in der Region jeweils eine Reise. Er will sich den Menschen vorstellen, ihnen zeigen, dass er kein kühler Diplomat ist. Aber natürlich sind seine Auftritte auch für ein weitaus größeres Publikum gedacht: Es sollen Bilder vom potentiellen Kanzlerkandidaten Steinmeier entstehen. 2007 ist das Medieninteresse noch nicht sehr groß, es sind nur einige wenige Journalisten, die ihn begleiten, Kamerateams sind so gut wie keine dabei. Im August 2008 aber, in der Abenddämmerung der unglücklichen Ära Beck, als Steinmeiers Kanzlerkandidatur näher rückt, ist die Karawane von Journalisten, die sich an seine Fersen geheftet hat, beeindruckend. Manchmal freilich gebiert das ein merkwürdiges Missverhältnis. In dem Örtchen Belzig begleiten den Wahlkreiskandidaten Steinmeier insgesamt, so zählt die «Frankfurter Rundschau», 85 Lokalpolitiker, Journalisten und Sicherheitsbeamte. Man wartet darauf, wo und wie der Außenminister es menscheln lässt. Das Problem ist nur, dass er die Chance gar nicht erhält – denn auf dem Marktplatz in Belzig ist an diesem heißen Mittag kein Mensch auf der Straße. Man lässt sich nichts anmerken und der Tross wandert ungerührt weiter. Dann erreicht die Meute endlich eine Eisdiele, die «Eis-Zauberei», und ihr Inhaber, Norbert Marx, steht tatsächlich hinter der Ladentheke. Steinmeier tritt hinein, «die Sicherheitsleute», so der Reporter der «Frankfurter Rundschau», «stürmen hinterher, Kameraleute folgen, Fotografen. Ein Bürger! Ein echter Bürger. Ein Brandenbürger!» Eine Minute später tritt Steinmeier aus dem Geschäft, ein kleines Lächeln auf dem Gesicht und eine große Eistüte in der Hand. Er hat endlich den Wähler getroffen und sogar ein Eis bei ihm gekauft.

Leicht macht es Steinmeier den Journalisten auf diesen und anderen Reisen eigentlich nicht. Er ist kein so jovialer Schulterklopfer wie Gerhard Schröder, und obgleich das Beispiel aus Belzig etwas übertrieben ist, treibt es doch die Wirklich-

Auf seiner Sommerreise 2008 durch seinen neuen Wahlkreis in Brandenburg.
Viele Jahre hat Steinmeier als «Graue Eminenz» Politik hinter den Kulissen
betrieben. Jetzt muss er es «menscheln» lassen; diese jungen Brandenburger aus
Belzig kommen allerdings noch nicht als Wähler in Frage.

keit auf die Spitze: Dieser Mann übt anders als Schröder keinen Magnetismus auf die Menschen aus. Man wahrt Distanz
zu ihm, so wie er es seinerseits auch tut. Andererseits schadet
ihm seine Distinguiertheit eigentlich gar nicht sehr. Die Leute
mögen ihn, finden ihn sympathisch, gerade weil er sich nicht
an sie anbiedert.

Überdies findet seine Sommerreise inmitten der Wirren
des Kaukasuskrieges statt. Während Steinmeier sich zu Kindern setzt, durch die Mark Brandenburg radelt und mit den
Genossen Grillabende veranstaltet, reichen ihm seine Mitarbeiter immer wieder ein Telefon: Steinmeier muss vermitteln.
Dann wird es plötzlich sehr ernst und der Genosse Frank ist
plötzlich wieder Außenminister. Wenn Steinmeier telefoniert,
was er auf dieser Reise offenkundig häufig tut, sich dabei von
den Journalisten ein Stück weit entfernt und lässig an einem

Apfelbaum abstützt, dann hat er – was wohl auch stimmt – gerade Wichtiges zu tun. Wenn sich aber Kurt Beck zum Telefonieren in seinen Dienstwagen zurückzieht, dann heißt es, er flüchte wohl vor den Fragen der Journalisten.

Seine Ambitionen auf die Kandidatur werden spätestens Anfang 2008 langsam offenkundig. Denn Steinmeier tut in dieser Zeit noch anderes, um sich der Parteibasis zu empfehlen – er übt sich als Wahlkampfredner. Das ist fraglos die wichtigste Disziplin und viele halten die Frage, ob er sie erlernt oder nicht, für den eigentlichen Lackmustest. Schließlich kann sich niemand diesen besonnenen, nachdenklichen Menschen als tobenden, schwitzenden und feurigen Barrikadenredner vorstellen. Ein Bürokrat als Volkstribun? Steinmeier selbst hasst diese Zuschreibungen, hält sie für die Erfindungen von Journalisten, die es sich gerne einfach machen. Doch die eigentliche Frage ist, ob ihm die Zuschreibung überhaupt schadet. Denn genauso wie bei seinen Bemühungen um Volkstümlichkeit kreieren sie eine bestimmte Erwartungshaltung – und die ist gar nicht so schwer zu erfüllen.

Schon vor den Landtagswahlen in Niedersachsen und Hessen Anfang 2008 macht der potenzielle Kanzlerkandidat seine Sache nach Meinung vieler Beobachter gar nicht so schlecht. Jedenfalls zeigt er Leidenschaft, schwitzt, ballt die Faust, reckt die Brust und schreit, ja brüllt ins Mikrophon. Eher finden manche seine Pose schon etwas übertrieben und vor allem erinnert er in seiner Sprachmelodie und Intonation stark an Gerhard Schröder. Er tut das nicht bewusst und behauptet selbst, das könne wohl nur daran liegen, dass er und der Altbundeskanzler nur 15 Kilometer entfernt voneinander aufgewachsen seien. Das ist natürlich, wie er wohl auch selbst weiß, nicht die ganze Wahrheit. Steinmeier hat 14 Jahre an der Seite eines Menschen verbracht, den er für vieles bewundert und von dem er vielleicht noch mehr gelernt hat. An einigen der wirklich wichtigen Reden hat er mitformuliert und die Stimme, die er dabei in seinem Kopf hörte, war natürlich die des Ministerpräsidenten respektive Bundeskanzlers. Es ist nicht verwunderlich, dass er deswegen, als er schließlich selbst die Bühne betritt, sehr ähnlich klingt. Ein wirkliches Problem aber ist, dass er in der Tat bisweilen zu laut ist, vor allem dauerhaft zu laut, und dann eine Stunde im Zustand vermeintlicher Dauerempörung verbringt. Nach der richtigen Mischung zwischen dem Diplomaten und dem Gerhard Schröder in ihm sucht er bis heute.

Zu dem befürchteten Abstoßungsprozess durch die Parteibasis ist es dennoch nicht gekommen, Steinmeier ist in erstaunlichem Maße von den meisten Sozialdemokraten akzeptiert worden, wenngleich ein Stück Distanz geblieben ist. Er habe keinen Stallgeruch, hat es geheißen, doch ist das wirklich noch so furchtbar wichtig? Womöglich ist der Stall auch längst abgebrannt, jetzt steht nur noch die Ruine, eine nostalgische Kulisse, in der man, als wäre nichts gewesen, weiterhin die alten Stücke aufführt. Es herrschen noch weiterhin die gleichen Vorgaben und Konventionen, man kann auch getrost die Drehbücher der Vergangenheit benutzen. Und Steinmeier, der schnell lernt und über Sensibilität verfügt, hat sich in den Kulissen rasch zurechtgefunden und alle notwendigen Vorgaben bedient: Er erzählt von der eigenen bescheidenen Herkunft, lässt den Namen Willy Brandts ein paar Mal in seine Rede einfließen und empört sich selbstverständlich über die «soziale Kälte» des politischen Gegners. In der SPD muss niemand mehr an fehlendem Stallgeruch scheitern. Wolfgang Clement ist – neben politischen Differenzen, die ja völlig legitim sind – nicht wegen fehlenden Stallgeruchs bei vielen Sozialdemokraten so unbeliebt gewesen – sondern weil er den Eindruck von Arroganz hinterließ. Damit aber kann man überall scheitern, nicht nur in der SPD.

Steinmeier hat der Öffentlichkeit und der eigenen Partei irgendwann also hinreichend bewiesen, dass er alles Notwendige beherrscht. Und das ist auch schon der Schlusspunkt einer Kandidatenwerdung, für die es angesichts der prekären Lage der SPD nicht sehr viel bedurft hat. Jetzt wird das Rauschen zum Orkan, es läuft alles auf ihn zu. Kurt Beck, der Querelen, die er als Aktionen von Heckenschützen interpretiert, ohnehin überdrüssig, sieht ein, dass eine eigene Kandidatur sinnlos wäre. Sein Image ist zu sehr beschädigt, die Zweifel an ihm innerhalb der SPD sind mittlerweile flügelübergreifend. Aber Beck, der ja ebenso das erste Zugriffsrecht wie das Vorschlagsrecht auf die Kandidatur hat, möchte darüber selbst entscheiden. Es soll souverän wirken, vielleicht wie bei Angela Merkels Wolfratshausener Frühstück mit Edmund Stoiber, als sie dem Bayern die Kandidatur antrug. Schon im Frühsommer lässt er, freilich noch etwas verklausuliert, in einem persönlichen Gespräch mit Steinmeier durchblicken, dass er sich für den Außenminister entschieden hat. Ende August 2008 entscheidet Beck sich schließlich, Steinmeier die Kandidatur offiziell anzutragen. In einem Vieraugengespräch nimmt Steinmeier das Angebot an. Die Entscheidung soll so schnell wie möglich öffentlich bekannt gegeben werden, bei einem gemeinsamen Auftritt. Beck möchte jetzt alles schnell über die Bühne bringen, damit die Spekulationen endlich aufhören. Vorgesehen ist zunächst der 1. September. Da aber, lässt Steinmeier ausrichten, stehe eine Sitzung des Ministerrates in Brüssel an. Auch an den darauffolgenden Tagen hat er keine Zeit. Man einigt sich daher auf den 7. September, die Klausurtagung der SPD am Schwielowsee bei Berlin soll der Rahmen sein. Als das Datum feststeht, telefoniert Steinmeier noch einmal mit seinem Parteivorsitzenden: Er sagt, er wolle Franz Müntefering für den kommenden Wahlkampf wieder mit an Bord haben, und schlägt ein Gespräch zu dritt vor, in dem Unstimmigkeiten ausgeräumt und eine Strategie für die künftige Führungsarbeit besprochen werden sollen. Beck ziert sich, denn Müntefering hat sich seit dem Tod seiner Frau im Juli schon einige Male zu Wort gemeldet – es waren nicht gerade Beifallsbekundungen an die Adresse des Parteichefs. Doch da dies ja nicht unvernünftig klingt und selbst Andrea Nahles ihm zur Versöhnung rät, stimmt Beck zu. Am Donnerstag, dem 4. September, soll das Treffen stattfinden. Der Ort des Treffens ist ungewöhnlich und seine Wahl schon ein Indiz dafür, dass Beck die Sache bald entgleiten wird: Der Parteivorsitzende zitiert Steinmeier und Müntefering nicht zu sich nach Mainz. Man trifft sich stattdessen in Bonn, dem Wohnort Münteferings.

Das Treffen in einem Hotel am Rhein beginnt in frostiger Atmosphäre. Nur einen Tag zuvor hat Müntefering mit einem Auftritt vor bayerischen Sozialdemokraten im Münchener Hofbräukeller endgültig sein Comeback gegeben. Es ist eine starke Rede gewesen, wie vielleicht nur er sie halten kann, und er ist dafür umjubelt worden. Er hat sich auch mit der Verzagtheit der momentanen Parteiführung beschäftigt und schließlich in dem ihm unnachahmlichen Duktus gesagt: «Besser heißes Herz und klare Kante als Hose voll.» Beck weiß, wen Müntefering damit meint. Doch er reißt sich am Riemen, das Gespräch dauert vier Stunden, wird zum Ende hin gar ein wenig gelöster – und schließlich gibt Beck seinen Widerstand auf. Es solle ein sogenanntes «Kanzlerteam» geben, die drei sollen gleichberechtigt darin Verantwortung tragen. Am nächsten Sonntag in Schwielowsee, wenn Beck Steinmeier zum Kanzlerkandidaten ausruft, soll auch das verkündet werden.

Faktisch ist das Becks Entmachtung. Er hat sich gegen Münteferings Rückkehr gesträubt, kurz zuvor noch scheinbar großherzig verlauten lassen, dass der 68-Jährige bei seiner Rückkehr natürlich gern eine beratende Funktion einnehmen dürfe – doch er hat diese Rückkehr nun nicht verhindern können. Müntefering wird sich im Wahlkampf, den er schon dreimal erfolgreich für die SPD organisiert hat, Beck niemals unterordnen. Jeder weiß das, und Steinmeier selbst weiß es nicht nur: er will es auch so. Wenn Beck jetzt noch weitermachen möchte – seinetwegen soll er es tun. Wenn er aber zu dem Schluss kommt, es sei besser zu gehen – dann wird er ihn auch nicht aufhalten. Manche sagen, es sei ein «stiller Putsch» gewesen, Steinmeier habe dieses eine Mal beweisen wollen, dass er sich ein Amt auch holen kann. Doch selbst dafür ist die Gegenwehr von Beck viel zu gering, Steinmeier muss sich gar nichts holen.

Beck aber dämmert erst zwei Tage später, dass sich die Geschäftsgrundlage vollständig geändert hat. Es ist der Tag vor dem Treffen am Schwielowsee. Beck sitzt in seinem Wohnzimmer, schaut das Länderspiel Deutschland gegen Liechtenstein. Es ist wahrlich kein Leckerbissen für Fußballgenießer und so schaltet Beck zwischenzeitlich den Videotext an und liest dort: Steinmeier wird Kanzlerkandidat. Die Meldung ist vom «Spiegel» veröffentlicht worden. Eine weitere Indiskretion ist geschehen, das Überraschungsmoment, das Beck nutzen wollte, um einen letzten Rest Souveränität zu bewahren, ist dahin. Der Text von «Spiegel-online» liest sich so, als habe Steinmeier Beck zu der Entscheidung gedrängt und der Parteivorsitzende das Gesetz des Handelns nicht mehr selbst in der Hand. In der Halbzeitpause des Deutschland-Spiels erzählt Ulrich Deppendorf in den «Tagesthemen» eine ähnliche Version des Geschehens. Beck fühlt sich düpiert. Er ist sich sicher, dass Müntefering selbst oder sein Umfeld dahintersteckt. Er hockt, so hat er es später selbst geschildert, danach noch viele Stunden in seinem Wohnzimmer und überlegt, ob es aus diesem Dilemma noch einen Ausweg gibt, entwirft dabei auf rund zwanzig Zetteln alle möglichen Szenarien, wie seine Situation noch zu retten wäre. Doch auf keinem der Zettel steht etwas, was ihm plausibel erscheint. Am Ende einer langen Nacht zerreißt er sie und spült die Papierschnipsel die Toilette hinunter.

Als Beck am folgenden Sonntagmorgen am Schwielowsee ankommt, hat er seine Entscheidung gefällt. Noch vor der eigentlichen Klausurtagung gibt es ein Treffen in einem nahe gelegenen Landgasthof, an dem außer Steinmeier und Beck auch Andrea Nahles, Hubertus Heil und Peer Steinbrück teilnehmen. Beck sagt, er werde zurücktreten, er habe genug von den Intrigen. Er schlägt, quasi als letzte Amtshandlung, noch den Arbeitsminister Olaf Scholz als seinen Nachfolger vor. Eine fast schon drollige Idee ist das, die wenig überraschend von der Runde zurückgewiesen wird. Was dann folgt, hat sich Beck wohl nicht ausgemalt: Steinmeier schlägt Müntefering als neuen Parteichef vor. Der Pfälzer ist entsetzt. «Das ist die größte Demütigung meines politischen Lebens», zitiert ihn später der «Spiegel». «Jetzt werden die belohnt, die das alles angerichtet haben.» Das ist in der Tat bitter, wie überhaupt die gesamte Situation wenig Würde besitzt: Für 12.30 Uhr hat eine große Reisegruppe die Terrasse gemietet, dem Wirt sind die Einnahmen wichtiger als die Zukunft der deutschen Sozialdemokratie. Das Quintett rückt also ab und die letzten Worte, auch das hat der «Spiegel» recherchiert, werden auf dem Parkplatz gewechselt. Dort wird noch Andrea Nahles überzeugt und Beck entfährt nur noch ein lakonisches und resigniertes «Dann machen wir es jetzt so».

Im Wellness-Resort, wo die Klausurtagung dann stattfindet, setzt Beck die anderen Sozialdemokraten in Kenntnis, und in welcher Lage die Partei sich befindet, dokumentieren die Schilderungen eines Teilnehmers: Beck sei nach seiner kleinen Ansprache ohne Umschweife hinausgegangen. Jemand habe noch gerufen: «Kurt, warte doch!», doch er sei nicht aufzuhalten gewesen. So hätten also rund fünfzig Spitzengenossen sprachlos im Raum gestanden, nicht wenige von ihnen konsterniert angesichts der bevorstehenden Rückkehr Münte-

An der Seite Franz Münteferings beim Sonderparteitag der SPD im Oktober 2008 in Berlin: Steinmeier wird Kanzlerkandidat der SPD. Die Pose des großen Triumphators aber fehlt; dafür scheint eine Menge Distanz zur eigenen Rolle im Spiel.

ferings. Der besonnene Matthias Platzeck habe dann als Erster das Wort ergriffen und gesagt, das sei eine brenzlige Situation, jeder solle sich überlegen, was er nun sage. Daraufhin wurde vorgeschlagen, sich zuerst untereinander in Gruppen zu beraten, was zur Folge hatte, dass ein Teil der Anwesenden sich um Andrea Nahles, der andere um Frank-Walter Steinmeier sammelte. In der Mitte des Raumes stand einer allein – Olaf Scholz, der für ein paar Stunden designierter Parteivorsitzender war.

Bei der anschließenden Abstimmung spricht man sich bei zwei Enthaltungen für Müntefering als neuen Parteivorsitzenden aus. Wenig später sitzt er schon im Hubschrauber, auf dem Weg nach Schwielowsee. Er hat es sich zurückgeholt – das «schönste Amt neben Papstsein».

Und Frank-Walter Steinmeier erklärt sich anschließend auf einer Pressekonferenz zum sozialdemokratischen Kanzlerkandidaten.

7. Wahlkämpfe, Kanzler und Kandidaten nach dem Ende der großen Erzählungen

Selten waren so wenig gezieltes Machtstreben, so wenige Intrigen und so wenige Anläufe notwendig, um in der Politik so viel zu erreichen: Die Kanzlerkandidatur ist auf Frank-Walter Steinmeier einfach zugelaufen. Er hätte schon ausweichen müssen, um ihr zu entgehen. Doch er ist stehen geblieben. Mit ihm erhält nun zum ersten Mal jemand die Chance, bis ganz nach oben zu gelangen, der Politik lange Jahre nur hinter den Kulissen betrieben hat. Eigentlich werden Politiker erst prominent und dann mächtig. Bei Steinmeier war es umgekehrt.

Ist das nur Zufall, eine glückliche Fügung? Oder steckt mehr hinter Steinmeiers Aufstieg?

Natürlich waren die Umstände in vielerlei Hinsicht exzeptionell. Ohne die Krise der SPD und ihres Vorsitzenden wäre nicht denkbar gewesen, was passiert ist. Doch andererseits: Blickt man auf die momentan dominierenden Figuren der deutschen Politik, so erscheint Steinmeiers Aufstieg schon nicht mehr ganz so außergewöhnlich. Es ist ja auffällig, dass mittlerweile viele aus der vordersten Reihe der deutschen Politik ihr Handwerk als Büroleiter oder Referent gelernt haben. Peer Steinbrück, der andere Shootingstar der SPD, schaut auf eine ähnliche Vita wie Steinmeier zurück. Und das wird in Zukunft vielleicht noch zunehmen: Mittlerweile ist es keine große Ausnahme mehr, wenn junge Bundestagsabgeordnete mit einer Karriere als persönliche Referenten in Berlin beginnen, zuvor außer einem Studium nicht viel anderes gemacht haben und keine besonders enge Bindung an ihren heimatlichen Ortsverein haben. So gesehen mag Steinmeier nur die Spitze des Eisberges sein: Die Professionalisierungstendenzen in der Politik haben sich noch einmal verstärkt; Politiker zu sein, das ist ein fast normaler Job geworden. Man muss dafür offenkundig nicht mehr der Repräsentant spezifischer Lebenswelten sein und auch nicht mehr zwanzig Jahre Parteiarbeit geleistet haben.

Das hat Gründe. Die Parteien plagen seit langem Nachwuchssorgen, da immer weniger junge Menschen bereit sind, die so genannte Ochsentour auf sich zu nehmen. Gerade die tatkräftigeren, vielleicht auch überdurchschnittlich begabten Menschen, die sich für Politik noch interessieren, empfinden die Atmosphäre im Ortsverein oft als drückend, eng und intellektuell wenig inspirierend. Dieser Typus meidet die geschlossene Hinterzimmerkultur der deutschen Parteien – und versucht stattdessen, direkt in das operative Politikgeschäft einzusteigen. Und da den Parteien ansonsten geeigneter Nachwuchs fehlt, ist der Weg nach oben auch nicht mehr besonders dornenreich für sie.

Vermutlich verändert sich die Politik auch auf eine Weise, die den Aufstieg des Typus des Büroleiters maßgeblich befördert hat. Denn die Politik in Berlin, das sagen jene, die schon lange dabei sind, ist zunehmend hysterisch geworden. Durch die Verdichtung der Berichterstattung kann jedes falsche Wort schon im Frühstadium der politischen Karriere schweren Schaden anrichten. Was daher zählt, ist vor allem Selbstkontrolle und Selbstdisziplin. Nur noch wenige Fehler darf man sich erlauben, alles kann zum eigenen Nachteil ausgeschlachtet werden – vom politischen Gegner, den Medien und den Kontrahenten in der eigenen Partei. Wer in die erste Reihe rückt, sollte deshalb die Gesetze der Mediengesellschaft und der Berliner Politik studiert und verstanden haben. Kurt Beck mag zwar ein Extrembeispiel sein. Aber auch viele Landespolitiker bis hinauf zu Ministerpräsidenten fühlen sich in der Berliner Politikwelt unsicher und damit unwohl. Vielleicht also ist der Nimbus der Provinz jetzt doch zum Malus geworden. Oder man darf aus der Provinz kommen – aber nicht mehr länger Provinz sein.

Noch eines lehrt der Aufstieg Frank-Walter Steinmeiers, und darin steckt eine merkwürdige Aporie, da es auf den ersten Blick nicht so recht zur «Beamtisierung» der deutschen Politik zu passen scheint: Die Medien beeinflussen politische Karrieren stärker als je zuvor. Es ist von einiger Ironie, dass jener Mann, dem ein eher sprödes Verhältnis zur Mediengesellschaft nachgesagt wird, bei seinem Weg nach ganz oben vielleicht so stark wie kein Zweiter von den Journalisten flankiert wurde. Sie haben ihn als Kanzleramtschef bewundert, als Außenminister und möglichen Kanzlerkandidaten wohlwollend begleitet. Kein SPD-Landesverband, keine parlamentarische Gruppierung hat ihn als Kandidaten ins Gespräch gebracht. Damit begannen Journalisten. Für sie ist der in den Umfragen populärste Anwärter gleichzeitig die logischste Wahl. Die SPD ist dieser Logik gefolgt. Andere Maßstäbe scheint sie nicht mehr zu kennen.

Mittlerweile hat sich der Wind für Steinmeier freilich ein wenig gedreht. Schon im Sommer 2008, als er sich die Kandidatur wohl schon hätte greifen können, es aber nicht tat, ebbte die Zuneigung der Medien ein wenig ab. Aus kluger Vorsicht wurde bald Mutlosigkeit und Zauderei. Bald wurde auch offensichtlich, dass die Nominierung Steinmeiers der Dramaturgie des Bundestagswahlkampfes keine große Spannung hinzufügen würde. Denn nun treten zwei Kandidaten gegeneinander an, die so verschieden nicht zu sein scheinen.

In einem Punkt trifft diese Einschätzung zu: Sehr scharf akzentuierte Alternativen bieten Merkel und Steinmeier nicht. Wenige Menschen haben den Eindruck, dass es für ihr eigenes Leben eine wirklich große Rolle spielt, ob der eine oder die andere über die Geschicke der Republik entscheidet. Sie scheinen beide pragmatisch, unideologisch, flexibel zu sein. Bei Angela Merkel vermuten zwar manche, dass sie letztlich doch die neoliberale Reformerin der Leipziger Beschlüsse der CDU sei, nur eben jetzt entschieden habe, zunächst kein anderes Ziel als den Erhalt ihrer Kanzlerschaft anzustreben, da alles andere ohnehin am Widerstand des sozialdemokratischen Koalitionspartners scheitern würde. Doch wirklich überzeugende Belege gibt es dafür nicht. Würde sie sich doch noch als wirtschaftsliberale Reformerin entpuppen, wäre die SPD gewiss nicht traurig darüber; die Kanzlerin böte endlich mehr Angriffsfläche.

Wie verhält es sich bei Steinmeier? Ein Projekt, das sich mit seiner Kanzlerschaft verbinden könnte, ist so recht noch nicht in Sicht; und vermutlich wird sich daran auch nicht viel ändern. Bei ihm dominiert eben der Wirklichkeits- und nicht der Möglichkeitssinn. Angesichts seiner Biografie kann es nicht anders sein. Denn politische Projekte, Visionen, Botschaften oder Erzählungen, all das also, wonach sich die politischen Kommentatoren in diesem Land sehnen, sind immer auch das Resultat von Spannungen und Zerrissenheit. Sie entstehen nur dort, wo Menschen fundamental mit den Verhältnissen hadern. Politische Visionäre haben oftmals schwerwiegende Brüche erlitten, sind daher häufig auch gequälte Menschen. Steinmeier aber hat nie mit den Verhältnissen gehadert und daher auch nie einen Grund gesehen, die Verhältnisse radikal zu verändern. Er wirkt auch nicht gequält. Ein unglücklicher Mensch ist er gewiss nicht.

Er besitzt politische Grundüberzeugungen, einen Kompass, der ihn orientiert. Doch dieser Kompass weist nur in Richtungen, die in bereits vermessenem Terrain liegen. Dieses Terrain ist die Bundesrepublik, wie Steinmeier sie kennengelernt hat und an der er im Großen und Ganzen nichts auszusetzen hat. Gewiss, ab und an stehen kleine Reparaturarbeiten an. Es ist wie bei einem Haus, so hat er es selbst beschrieben, das man gut zu pflegen und «sorgsam der Witterung» anzupassen hat. Steinmeier ist geprägt von der Erfolgsgeschichte der Bundesrepublik, deren Produkt er ist. Insofern ist sein Interesse an der Bildungspolitik bei allem, was sonst eher nebulös bleibt, kein bloßes Lippenbekenntnis. Sozialdemokratische Bildungspolitik hat ihm das Studium ermöglicht, für ihn war es der Schlüssel zu allem, was dann kam. Also, so denkt er, muss man die Erfolgsrezepte der Vergangenheit an die Gegenwart anpassen und sich verstärkt um jene Bevölkerungsgruppen bemühen, denen der Zugang zu Bildung bisher versperrt gewesen ist. Das ist alles hochvernünftig und einleuchtend – doch gleichzeitig gibt es keine Partei im Deutschen Bundestag, die ihm nicht grundsätzlich zustimmen würde. Der Teufel steckt nur noch im Detail. «Bildungsrepublik» wäre ein schönes Wort für das, was ihm vorschwebt – doch leider hat schon die Kanzlerin diesen Begriff besetzt.

Steinmeier ist ein Mann der Kabinettsvorlage, nicht der großen Erzählung. Doch nur weil seine Gegnerin nicht sehr viel mehr im Repertoire hat, heißt das nicht, dass er als Kanzler nicht eigentlich recht gut zu den Deutschen passen würde. Denn dass die Gesellschaft ihren Politikern das große Projekt wirklich abverlangen würde, lässt sich ernstlich kaum behaupten. Dabei bestünde eigentlich kein Mangel an großen Themen, auf die man große Antworten einfordert. Doch tun die Bürger das wirklich? Trotz der durch die Finanzkrise wieder aktuellen Frage, ob man lieber dem vorausschauenden Wissen des Staates oder dem experimentellen Wissen des Marktes vertraut, trotz der apokalyptischen Voraussagen über die Klimakrise, trotz der wichtigen Frage nach der Balance zwischen Sicherheit und Freiheit im Zeitalter des Terrorismus:

Die Deutschen haben sich ihrer postmodernen Teilnahmslosigkeit noch immer nicht entledigt. Sie bleiben lieber ganz privat, lassen den öffentlichen Raum verwaisen. Die Wahlbeteiligung sinkt, die Mitgliederzahlen der Parteien gehen in einem Ausmaß zurück, dass sich von «Volksparteien» ernstlich nicht mehr sprechen lässt. Doch die Deutschen gehen trotz wachsenden Verdrusses über die Politik, den sie in Umfragen zum Ausdruck bringen, nicht auf die Barrikaden: Nirgendwo haben sich Bürger organisiert, die ernsthaft eine Alternative zum Bestehenden einfordern.

So wird Deutschland vermutlich einen vergleichsweise ruhigen Wahlkampf erleben, etwas langweilig wohl und ein wenig zäh. Man wird sagen, das liege am mangelnden Charisma der Spitzenkandidaten. Vermutlich werden Merkel und Steinmeier in Leitartikeln weiterhin mit Barack Obama verglichen werden. Der schließlich, so werden sie lesen dürfen, habe es doch auch geschafft, mit einer Botschaft Millionen von Amerikanern für die Politik zu aktivieren. Doch die Voraussetzungen sind ja gänzlich andere. In den USA prallten zwei politische und kulturelle Lager aufeinander, für die die Frage nach Sieg oder Niederlage annähernd existentiell war. Das Charisma des Barack Obama erreichte genau jene 53 Prozent der Amerikaner, die am Ende für ihn stimmten. Für viele von ihnen war und ist er tatsächlich eine Heilsfigur. Die anderen 47 Prozent aber entschieden sich für die Gegenseite, die ein in jeder Hinsicht scharfes Kontrastprogramm anbot. Menschen mit entrückten Gesichtsausdrücken sah man nicht nur auf den Massenveranstaltungen Obamas, sondern auch bei Sarah Palin. Während nach Obamas Sieg die Menschen in San Francisco und New York auf den Straßen tanzten und den Beginn eines neuen Zeitalters feierten, waren in den Waffengeschäften in den konservativen Regionen des Mittleren Westens die Regale einen Tag später leergekauft: Das militante Amerika fürchtete die Verschärfung der Waffengesetze und deckte sich für alle Fälle erst einmal mit Handfeuerwaffen ein.

Kurzum: Charisma speist sich aus sehr spezifischen Konditionen und Konstellationen. Keine dieser Voraussetzungen aber finden die Kanzlerkandidaten von SPD und Union im Wahljahr 2009 vor. In Deutschland schlägt nicht die Stunde des Charismatikers. Und das muss man auch gar nicht bedauern. In postideologischen Gesellschaften geht es zwar zuweilen langweilig zu, sie bringen auch keine heroischen Heldenfiguren mehr hervor. Doch dafür sind sie geschützt vor einer Politik der Extreme: Der Vorgänger von Barack Obama war George W. Bush. Um dessen Erbe abzuschütteln engagierten sich Millionen junger Amerikaner. Doch wer verspürt echten Leidensdruck unter der Kanzlerin Angela Merkel? Hinterließe sie im Falle ihrer Abwahl überhaupt ein Erbe, das abzuschütteln wäre? Selbst wenn Steinmeier ein Obama wäre, was er gewiss nicht ist: Ein solches Maß an Leidenschaft für den Wechsel könnte er unmöglich mobilisieren.

Wie auch immer die Bundestagswahl also ausgeht: Auf den Straßen tanzen werden wohl nicht viele. Ebenso wenige werden jedoch hysterisch auf das Ergebnis reagieren. Dass die Alternativen weniger scharf akzentuiert sind, heißt unterdessen nicht, dass es gleich wäre, wer Deutschland regiert. Natürlich existieren Unterschiede, auch programmatische, aller Verschwommenheit zum Trotz. Und im Grunde besteht ja kein Zweifel daran, dass Frank-Walter Steinmeier in vielerlei Hinsicht ein mindestens passabler Bundeskanzler sein könnte. Dass er die Bundesrepublik nach außen angemessen vertreten kann, hat er vier Jahre lang bewiesen. Zudem benötigte er weitaus weniger Einarbeitungszeit als jeder seiner Vorgänger. In Zeiten der Krise ist das ein Argument von Bedeutung. Einen Stotter-Start, wie er den meisten anderen Bundesregierungen unterlaufen ist, würde er vermutlich verhindern. Steinmeier wüsste schon am ersten Tag, wie die Arbeit zwischen Ministerien, Koalitionsausschuss und Kanzleramt aufgeteilt werden muss, wie überhaupt die Machtphysik der deutschen Politik funktioniert. Es ist überdies ziemlich unwahrscheinlich, dass er die Spitze des Kanzleramtes falsch besetzen würde. Und da er ein besonnener Mann mit guten Nerven und von hoher Belastbarkeit ist, wäre er wohl auch kein schlechter Krisenmanager.

Und schließlich: Deutschland würde einen Politiker zum Bundeskanzler bekommen, der sich um dieses Amt nie gedrängelt hat. Es wäre interessant zu sehen, was daraus folgt. Vielleicht würde Steinmeier – anders als seine drei Vorgänger – sein primäres Ziel ja nicht darin sehen, so lange wie möglich Bundeskanzler zu bleiben, sondern schlicht jene Dinge umzusetzen, die er als richtig erkannt hat, auch wenn man den großen Wurf dabei eher nicht erwarten sollte. «To get things done» – das ist für Steinmeier stets der eigentliche Eros der Politik gewesen.

Ein Krisensignal wäre der Bundeskanzler Frank-Walter Steinmeier daher sicher nicht, eher ein Zeichen, dass die Bundesrepublik sich noch immer im Normalzustand befindet. Denn die großen «Extrapersonen», wie Jacob Burckhardt schon vor über hundert Jahren feststellte, treten zwangsläufig dann auf den Plan, wenn die Kaste der «Oberbeamten» abgewirtschaftet hat und mit ihrem Latein am Ende ist. Das aber passiert erst, wenn Gesellschaften bereits glauben, dass sich vor ihnen ein Abgrund auftut. So könnte man sagen: Ein Land, in dem ein gelernter Verwaltungsbeamter die Chance erhält, Bundeskanzler zu werden, scheint mit seinen Krisen letztlich doch sehr gelassen umzugehen.

Danksagung

Dass ich dieses Buch in so kurzer Zeit schreiben konnte, verdanke ich vielen Menschen. Wigbert Löer, Kay Müller, Daniel Friedrich Sturm und Florian Breitmeier standen mir immer mit Rat und Tat zur Seite und spendeten Zuspruch ebenso wie Widerspruch. Vor allem Wigbert Löer hat unermüdlich bei der Arbeit am Manuskript geholfen und war mir bei allem eine wirklich große Stütze. Clemens Wirries von der Pressedokumentation der SPD hat mich, wann immer nötig, mit Materialien versorgt. Wie schon so oft habe ich von den vielen klugen Interpretationen Franz Walters profitiert – in diesem besonderen Fall auch zu seiner ostwestfälischen Heimat. Für die gute Zusammenarbeit und viel Humor danke ich Stephan Meyer vom Herder-Verlag und meiner Lektorin Tamara Al-Oudat.

Und dann natürlich Anna: Sie las nicht nur abschließend das Manuskript, sondern hat auch mit größtem Gleichmut und über viele Wochen hinweg meine nicht immer prächtige Laune ertragen – was keine geringe Leistung war. Darum ist das Buch ihr gewidmet.

Alle Bilder: © photothek.net Berlin

Standpunkte und Lebenszeugnisse

Norbert Blüm
Gerechtigkeit
Eine Kritik des Homo oeconomicus
Band 5789

In scharfer Auseinandersetzung auch mit den geistigen Fundamenten und mit der Realität des Kapitalismus klärt Blüm aktuelle Fragen: Arbeit, Familie, Solidarität. Inspiriert von der christlichen Soziallehre – ein klärender Beitrag.

Friedrich Merz
Nur wer sich ändert, wird bestehen
Vom Ende der Wohlstandsillusion – Kursbestimmung für unsere Zukunft
Band 5671

„Wir müssen versuchen, den Wohlstand zu erhalten und gleichzeitig sozialen Ausgleich zu schaffen. Der Umbau des Sozialstaats ist dringend nötig. Nur so vermeiden wir schwere soziale Verwerfungen, vor allem zu Lasten der Mittelschichten unserer Gesellschaft."

Franz Müntefering / Tissy Bruns
Macht Politik!
224 Seiten, gebunden mit Schutzumschlag
ISBN 978-3-451-30122-3

Das Buch zur aktuellen geistigen, moralischen und politischen Situation.

Bernhard Vogel / Hans-Jochen Vogel
Deutschland aus der Vogelperspektive
Eine kleine Geschichte der Bundesrepublik
Band 6048

Sie haben die Geschichte der Bundesrepublik von Anfang an miterlebt, als Betroffene, als Zeitzeugen und als politische Akteure. Erzählte Geschichte, aus erster Hand.

Martin Rupps
Helmut Schmidt
Mensch-Staatsmann-Moralist
Band 6020

Der Kanzler und die geistig-moralischen Grundlagen seines Handelns: Die weithin beachtete Biografie eines der auch heute noch beliebtesten Politiker der deutschen Nachkriegsgeschichte vor.

HERDER

Peter Frey
77 Wertsachen
Was gilt heute?
Band 6109
Ist nur gut, was mir selber nützt? Warum verzichten oder teilen? Weshalb
fair sein? 77 Wertsachen – das sind Fragen aus dem Alltag, die uns dazu
auffordern, Stellung zu beziehen. Antworten prominenter Autorinnen und
Autoren.

John Carlin
Der Sieg des Nelson Mandela
Wie aus Feinden Freunde wurden
320 Seiten, gebunden mit Schutzumschlag
ISBN 978-3-451-29859-2
Dieses Buch erzählt von dem Tag, der das Schicksal eines Landes
veränderte. Und von einem Leben, das deutlich macht, wie Versöhnung
gelingt.

Leoluca Orlando
Ich sollte der Nächste sein
Zivilcourage – die Chance gegen Korruption und Terror
Band 5451
„Für das, was Leoluca Orlando im Kampf gegen die Mafia geleistet hat,
hätte er den Friedensnobelpreis verdient." (Hillary Rodham Clinton)

Lea Ackermann / Cornelia Filter
Um Gottes Willen, Lea!
Mein Einsatz für Frauen in Not
Band 6029
Mit ihrer Organisation SOLWODI kämpft sie gegen Zwangsprostitution.
Hier erzählt sie von ihrem abenteuerlichen Leben: Kriegskind, Bankerin,
Ordensfrau, Streetwork in Rotlichtvierteln. Ehrlich und leidenschaftlich.

Ruth Pfau
Das Herz hat seine Gründe
Mein Weg
Hg. von Rudolf Walter
Band 5593
Eine starke und mutige Frau, die in Afghanistan und Pakistan verstärkt
gegen Hass und Terror kämpft und zeigt: Ein Einzelner kann etwas tun,
damit die Welt besser wird.

HERDER